交通基础设施
供给侧效应研究

张亦然 ◎ 著

首都经济贸易大学出版社
Capital University of Economics and Business Press
·北 京·

图书在版编目（CIP）数据

交通基础设施供给侧效应研究 /张亦然著 . --北京：
首都经济贸易大学出版社，2023.10

ISBN 978-7-5638-3602-4

Ⅰ.①交⋯　Ⅱ.①张⋯　Ⅲ.①交通运输建设–基础
设施建设–研究–中国　Ⅳ.①F512.3

中国国家版本馆 CIP 数据核字（2023）第 190718 号

交通基础设施供给侧效应研究

张亦然　著

责任编辑　彭　芳

封面设计　砚祥志远 · 激光照排
　　　　　TEL：010-65976003

出版发行　首都经济贸易大学出版社

地　　址　北京市朝阳区红庙（邮编 100026）

电　　话　（010）65976483　65065761　65071505（传真）

网　　址　http://www.sjmcb.com

E- mail　publish@cueb.edu.cn

经　　销　全国新华书店

照　　排　北京砚祥志远激光照排技术有限公司

印　　刷　北京九州迅驰传媒文化有限公司

成品尺寸　170 毫米×240 毫米　1/16

字　　数　198 千字

印　　张　12.5

版　　次　2023 年 10 月第 1 版　2023 年 10 月第 1 次印刷

书　　号　ISBN 978-7-5638-3602-4

定　　价　58.00 元

前　言

中国经济发展进入新常态之后，供给侧能力过剩，但结构性需求失衡的矛盾日益突出。改革开放 40 多年来，作为财政支出的重点领域，中国交通基础设施的建设取得了丰硕的成果，对经济增长具有显著拉动作用。然而目前中国部分领域和项目中，基础设施存量仍然不足、城乡建设水平差距较大，这些问题成为经济发展的突出短板。保持基础设施补短板力度，是中国深化供给侧结构性改革中的重要任务。基于这一背景，本书主要从服务业发展、乡村振兴、企业生产等供给侧角度，研究交通基础设施的经济效应，试图回答以下问题：一是交通基础设施是否对供给体系质量提高产生影响；二是交通基础设施基于何种机制对供给体系产生影响。

本书的主体部分包含规范研究和实证研究两大部分。在规范研究部分，本书从经济增长、企业生产和居民生活三个维度讨论交通基础设施的经济效应，梳理并评述相关文献。在实证研究部分，本书分别考察了铁路、水运和公路三种交通基础设施的供给侧经济效应。具体地，在宏观层面考察铁路基础设施对服务业集聚的效应和机制，并基于速度和网络化视角，考察异质性作用机制。在微观层面，本书分别考察了水运和公路两种交通基础设施对乡村振兴和企业生产的影响。首先基于三峡通航这一自然实验，使用双重差分法研究水运基础设施对企业规模的影响。其次考察公路基础设施对农业劳动力转移和对农村家庭减贫的影响。

在总结和归纳的基础上，本书提出推进交通网络互联互通建设、因地制宜建设基础设施、加强水运基础设施建设的政策建议。本书在理论和实践领域均具有重要意义。在理论方面，本书拓展了交通基础设施经济效应的研究边界；在实践领域，本书的研究结论为新常态下进一步建设交通基础设施提供了理论指导和经验依据。

希望本书能够为深入理解交通基础设施供给侧效应，进而推动交通运输领域基础设施建设提供有益的参考和借鉴。

目　　录

第一章
导 论

本章主要围绕本书主题，对全书的总体状况进行阐述：第一部分重点介绍本书的研究背景及意义；第二部分介绍本书的研究思路、方法及数据来源；第三部分介绍了本书的主要内容及研究框架；第四部分列举了本书的研究创新点。

一、研究背景及意义

本书的选题是在当前中国经济进入新常态后，供给侧能力过剩，结构性供求失衡矛盾日益突出的背景下提出的。交通基础设施建设是财政支出的关键领域，也是中国推行深化供给侧结构性改革的重要组成部分，对宏观层面的产业结构调整及微观市场主体的行为均具有重要影响。鉴于此，本书基于中国交通基础设施发展建设的经验事实，讨论交通基础设施改善在供给体系质量提高过程中所发挥的作用。本书的研究结论可以为进一步建设交通基础设施提供理论依据和经验证据，也有利于加快产业结构优化调整，提高供给侧生产能力，促进农业劳动力转移，扩大优质劳动供给，巩固精准扶贫成果，推动实现乡村振兴。

（一）研究背景

中国经济发展进入新常态之后，供给侧能力过剩，但结构性需求失衡的矛盾日益突出。

随着中国居民收入水平的不断提高，中国市场需求结构升级加快，消费者对中高端服务及消费品的需求更加突出，但国内供给端还不能够很好地适应这一需求结构的变化，导致越来越多的高端产品和服务消费流向海外市场。从产业的角度来看，就制造业而言，中国多项工业产品产量已经高居世界第一，大量产品产能过剩，但诸如智能手机芯片、高端耳机等高端制造品和消费品，受国内生产力水平的局限，需要依赖进口来满足消费需求，部分高科技产品及零配件还受到部分发达国家的出口管制；就服务业而言，国内需求增速较快的医疗健康、旅游休闲、商业咨询等高端服务业的供给尚不能很好地满足国内需求，诸如此类的高端服务业需求不断流向国外；就基础设施供给水平而言，尽管中国各领域基础设施建设的能力不断提高，但相互之间配套链接不够，导致基础设施的服务效率不高，资源浪费比较严重。此外，基础设施在城乡地区的差距较大，农村基础设施严重不足等问题也制约了中国经济的发展。

交通基础设施建设是中国深化供给侧结构性改革的重要组成部分，其网络化程度的提高是供给侧改革的重要目的之一。此外，交通基础设施的发展建设程度也会对其他供给体系指标产生正向影响。

习近平总书记在党的二十大报告中指出："加快发展物联网，建设高效顺畅的流通体系，降低物流成本。"目前，中国交通基础设施的发展水平在国际上位居前列，但整体分布相对比较松散，相互之间的连通性有待提高，资源闲置和浪费的现象比较严重。交通基础设施网络化程度的改善，有助于提高基础设施服务效率，降低资源浪费水平。此外，交通基础设施的建设有助于各地区社会经济活动的正常运行，其质量改善对各领域经济活动均可产生较大的正外部性，有助于提高地区供给体系整体质量。

（二）研究意义

本书基于供给侧视角考察交通基础设施的经济效应，主要研究交通基础设施对供给体系质量提高的影响，在理论方面和实践方面均具有重要意义。

在理论方面，本书在研究内容、研究对象和研究方法上均有所创新。从研究内容上看，以往文献更多地关注交通基础设施在宏观层面对经济增长的影响，且宏观领域的文献较多，少有文献基于微观视角展开论述。而本书主要关注交通基础设施在供给体系质量提升领域所发挥的作用，特别是在微观领域，本书讨论了交通基础设施对微观市场主体行为的影响。此外，在产业层面，本书讨论了交通基础设施对服务业集聚的影响及机制，并在此基础上进一步区别不同速度和网络化水平交通基础设施的差异化影响。从研究对象上看，在考察交通基础设施的经济影响时，既有文献多基于公路基础设施和铁路基础设施视角展开分析，少有文献讨论水运交通基础设施的经济影响。本书以三峡通航作为水运交通基础设施改善的典型事实，研究其对企业规模成长的影响，拓宽了这一领域的研究边界。从研究方法上看，在解决交通基础设施建设与经济发展之间的内生性问题时，本书分别采取了新样本、新政策试验和新工具变量，为这一领域接下来的研究提供了新思路。

在实践方面，本书的研究结论为交通基础设施的进一步建设提供了理论指导和经验依据。本书的实证研究结论表明，铁路、公路和水运交通基础设施均会对供给体系质量的提高产生正面影响，表现为促进区域服务业集聚和企业规模成长，助推农业劳动力供给和农村家庭减贫。这一研究结论支持各级政府继续开展交通基础设施互联互通建设。此外，本书讨论了交通基础设施在提高供给体系质量时的差异化影响，并分析了交通基础设施对供给体系质量产生影响的作用机制，有利于各级政府在推行交通基础设施建设时因地制宜，结合发展目标选择合适的交通基础设施，提高资金使用效率和基础设施服务效率。

二、研究思路、方法及数据来源

（一）研究思路

本书基于深化供给侧结构性改革的背景，从基础设施补短板的视角着手，重点关注交通基础设施在宏观产业层面对服务业的影响，以及在微观领域对参与市场经济活动的主体——企业和居民家庭的影响，考察交通基础设施在建设现代化供给体系当中所发挥的作用。在具体分析中，本书拟按照现实问题的提出、现实问题的理论分析、对理论分析的经验验证以及现实问题的解答这一思路开展分析。

在现实问题的提出部分，本书从当前经济发展的重要命题——"深化供给侧结构性改革，推动经济高质量发展"入手，梳理了当前社会经济中存在的问题，结合党中央建设现代化供给体系的发展要求，以及中央深化供给侧结构性改革的重点举措，得出本书所关心的主要问题。

在现实问题的理论分析部分，通过对资料的收集、整理、提炼和归纳，本书对相关概念的含义进行进一步界定，追踪其发展脉络，以期对现实问题有更深刻的理解。与此同时，本书通过对既有文献的梳理与评述，找出亟待解决的关键问题并对其加以分析，引出本书经验研究的重点。

在经验分析部分，结合中国交通基础设施发展建设的事实，本书分别从产业、企业和居民家庭三个层面讨论了交通基础设施对供给体系质量提高发挥作用的具体途径。在宏观的产业层面，本书重点分析了铁路基础设施对服务业就业集聚所发挥的作用和机制，并基于速度和网络化视角考察异质性交通基础设施对服务业就业的差异化影响。在微观层面，本书主要关注交通基础设施对参与市场经济活动的主体——企业和居民家庭的影响。企业是微观经济活动中产品的生产者，本书借助三峡通航这一水运交通基础设施质量改善的事实，研究其对三峡上游企业规模成长的影响。居民家庭是微观经济活动中劳动的供给者，而农业劳动力的转移对中国的经济增长具有重要意义，研究交通基础设施对农业劳动力转移的影响，有助于扩大优质劳动供给，推动城市化的进一步建设与产业结构持续升级。防范"精准扶贫"后重新返贫，是供给侧结构性改革的命题之一，正确发挥交通基础设施的供给效应，有利于巩固减贫成果，推动农村地区收入增长，实现农村振兴。

在现实问题的解答部分，通过对经验分析结论的归纳及总结，结合对于现实问题的理论分析，给出解决现实问题的可能路径，为各级政府进一步加强基础设施建设提供参考。

具体研究思路如图 1.1 所示。

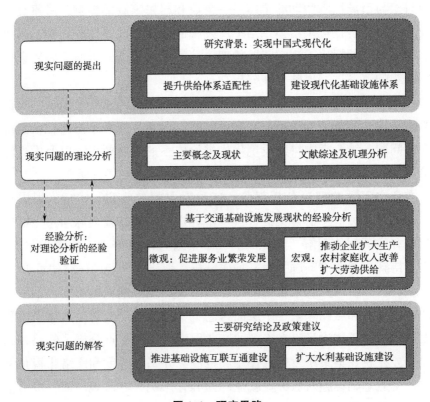

图 1.1　研究思路

（二）研究方法

本书以公共经济学、政治经济学、区域经济学和经济地理学等经济学理论为基础，研究交通基础设施对供给体系质量的影响。在具体的研究过程中，本书使用了定性分析法、定量分析法和归纳分析法相结合的研究方法。在定量分析中，本书使用了大量的统计学方法和计量分析方法。以下分别介绍本书使用的每一种研究方法。

第一，定性分析法。定性分析法是对研究对象进行"质"的研究的分析方法，趋向于运用访问、观察和文献法收集资料，并运用归纳演绎法、综合分析法以及抽象概括法对已收集的资料进行逻辑加工，揭示其内在运行规律。本书利用该方法界定了交通基础设施和供给体系质量提高的主要内涵，并对既有文献进行整理加工，结合现实发展资料，归纳总结出交通基础设施对供给体系质量提高的具体作用机理。

第二，定量分析法。定量分析法就是通过统计调查法或实验法，建立研究假设，收集精确数据资料，然后进行统计分析和检验的研究过程。本书的经验分析部分主要采用了定量分析的方法。

第三，归纳分析法。归纳分析法基于对既有结论的观察，把性质或关系归结到类型，基于对反复再现的现象进行归纳，总结出事物运行的普遍规律。本书的政策建议部分运用了归纳分析法，通过对既有的具体结论进行归纳总结，得到交通基础设施对供给体系质量发挥作用的一般规律，并据此提出政策建议。

第四，倾向得分匹配法（propensity score matching，PSM）。倾向得分匹配以非实验数据和观测数据为主要依据，通过人为方式进行干预，进而进行效应分析。在统计研究中，基于种种原因，样本数据偏差和混杂变量较多。正是为了降低这些偏差和混杂变量的影响，消除组别之间的干扰因素，以便对实验组和对照组进行更合理的比较，倾向得分匹配法应运而生。

倾向得分匹配的基本做法是从总体控制组中找到与处理组具有相同得分值的样本作为处理组的真实控制组，然后对匹配成功的样本进行估计，这样能够保证估计结果的一致性和有效性。在进行匹配的时候，选取的协变量数量应尽量多些，这样计算出的得分值所利用的信息量更大，经计算得出的倾向得分值也更接近于真实的倾向得分值。

在使用铁路数据研究交通基础设施对服务业就业集聚的影响时，为了验证基准回归结果的稳健性，本书使用倾向得分匹配法，从总体样本中筛选出与实验组样本在交通基础设施改善之前经济发展基本特征和服务业集聚水平相似的样本，在此基础上进行回归分析。

第五，双重差分法（difference-in-difference，DID）。双重差分法通常被用于评估某项政策或事件对实施对象的影响，是经济学领域中被广泛运用的计量方法。其做法可以概括为，通过分析虚拟变量区分政策实施前后的差异以及样本中的实验组和控制组的差异，将两个虚拟变量及其交叉项纳入回归方程之中，通过估计交互项的系数来获得政策或者事件产生的净影响。使用这一方法既能控制不可观测的样本中个体异质性的影响，又能控制随时间变化的不可观测因素的影响，从而得到对政策实施效果的无偏估计。

双重差分法的使用需要满足两个前提：一是保证政策或者事件发生的外生性；二是保证政策或事件发生地区（或者个体）选择的随机性。政策实施的严格外生性是使用双重差分法解决内生性偏误问题的保证。若政策实施或者事件的发生是内生的或者具有较强的预期，那么使用双重差分法进行回归的系数就会存在偏误。政策或事件发生地区（或者个体）的随机性是指样本中实验组和控制组的选择尽量保证随机性。理想情况下，除政策因素之外，实验组和控制组样本在其他方面不应存在明显的差异化趋势。

为了进一步了解双重差分法的原理，首先建立双重差分法的估计方程：

$$y_{it} = \alpha + \beta_1 \cdot treat + \beta_2 \cdot reform + \beta_3 \cdot treat \cdot reform + \varepsilon_{it} \tag{1.1}$$

式中：i 表示个体，t 表示时间。为了便于理解，假设只有两期，即 $t=1$ 时期，即政策（事件）发生前（$reform=0$），以及 $t=2$ 时期，即政策（事件）发生后（$reform=1$）。实验组是受到影响的地区（个体），控制组是未受到影响的地区（个体）。实验组样本的变量 $treat$ 定义为 1，控制组样本的变量 $treat$ 定义为 0。α 为常数项，β_1 和 β_2 分别为水平项的估计系数，ε_{it} 为误差项。β_3 是交互项的估计系数，衡量的是政策（事件）发生的净影响。为了理解其表示的含义，进行以下具体分析：

在 $t=1$ 时期，即 $reform=0$ 时，式（1.1）变为

$$y_{i1} = \alpha + \beta_1 \cdot treat + \varepsilon_{i1} \tag{1.2}$$

在 $t=2$ 时期，即 $reform=1$ 时，式（1.1）变为：

$$y_{i2} = \alpha + \beta_1 \cdot treat + \beta_2 + \beta_3 \cdot treat + \varepsilon_{i2} \qquad (1.3)$$

其次对式（1.2）和式（1.3）进行第一步差分，得到：

$$\Delta y_i = \beta_2 + \beta_3 \cdot treat + \varepsilon_{i2} - \varepsilon_{i1} \qquad (1.4)$$

在式（1.4）中，进行第二步差分，得到的估计系数 β_3 即政策（事件）发生后处理组相比控制组的影响，也就是政策（事件）评估最为关心的回归系数。

本书的经验研究中大量使用了双重差分法，基本思路是，以交通基础设施质量改善作为双重差分法中的准自然实验，以改善地区样本作为实证估计当中用到的实验组，以未改善地区样本作为实证估计中的控制组，在此基础上进行分析。

（三）数据来源

本书主要使用了 5 种数据，它们分别是基于手工收集的铁路数据；来源于《中国城市统计年鉴》的城市基本统计数据；1998—2007 年工业企业数据库；中国家庭追踪调查（Chinese family panel studies，CFPS）数据以及基于地统计分析软件 ArcGIS 10.2 计算分析得到的地理距离数据。以下将分别介绍每一类数据。

各城市高铁开通信息基于手工收集整理。原始数据主要来源于中国高铁网（www. gaotie. cn）和中国铁路客户服务中心网站（www. 12306. cn），高铁规划信息来源于《中长期铁路网规划》（2016）。

地级市的相关统计特征数据来源于《中国城市统计年鉴》。《中国城市统计年鉴》中存在一些明显的统计错误，例如人口增长率超过 100% 等。造成这些统计错误的一部分原因是行政区划的调整，另一部分是前后年份统计口径的变化，还有可能是统计人员的工作失误。对于其中较为明显的统计性错误，本书结合各省市统计年鉴的数据对其进行校正；对于找不到出处的明显统计错误，本书将其定义为缺失值。

工业企业数据库来源于国家统计局，全称为"全部国有及规模以上非国有工业企业数据库"，国家统计局的数据来源于样本企业提交给当地统计局的季报和年报汇总，主要涉及国民经济行业分类中的"采掘业"、"制造业"和"电力、燃气和水的生产供应业"三个门类，其中制造业企业样本比例占到 90% 以上。这里的"规模以上"要求企业的主营业务收入在 500 万元以上，2011 年之后这一标准改为 2 000 万元以上。工业企业数据库从 1998 年开始采集，多数文献使用的样本区间为 1998—2007 年。

中国家庭追踪调查（CFPS）数据库来源于北京大学社会科学调查中心。通过问卷调查跟踪收集中国家庭在个体、家庭和社区三个层次上的数据，可用于进行社会、经济、人口、教育以及健康方面的研究，有助于科学研究以及公共政策的制定。CFPS 团队于 2010 年启动正式调查，样本家庭涵盖中国 25 个省、自治区、直辖市。2010 年样本调查中的所有成员被设定为 CFPS 的基线家庭成员，其自身及血缘/领养子女将成为 CFPS 的基因成员，被永久追踪调查和访问。截至 2023 年 9 月，CFPS 项目已在其网站上公布 2010 年、2012 年、2014 年、2016 年、2018 年和 2020 年共六期数据，其中 2010 年数据和 2014 年数据包括了社区（村落）调查数据和家庭调查数据，方便本书第七章中衡量农村居民家庭所在村落接通公路状况。

ArcGIS 10.2 是进行地统计分析的常用软件，使用该软件可以很方便地求出不同研究对象之间的地理距离。基于中国矢量地图数据①，本书多次进行了地理距离的计算，并将其应用到本书的回归分析中。

三、主要研究内容及框架

基于以上研究背景、研究思路及研究方法，本书的研究内容和研究框架概括如下。

（一）研究内容

本书在当前中国经济进入新常态，供给侧能力过剩，结构性供求失衡矛盾日益突出的背景下，基于中国交通基础设施发展建设的经验事实，从产业结构调整、企业规模成长和乡村振兴三个方面讨论交通基础设施改善的经济效应。本书的研究结论可以为进一步建设交通基础设施提供理论依据和经验证据，也有利于深化供给侧结构性改革，推动建设中国式现代化。本书各章内容安排如下：

---

① 中国矢量地图数据来源于国家地理信息公共服务平台，网址为 http://www.tianditu.gov.cn/。

第一章导论为本书总览，介绍了本书的研究背景、意义、思路、方法、框架和创新点等。

第二章是主要概念含义界定及其发展。本章介绍了交通基础设施的主要类别、等级及改革开放以来的建设发展现状。除此之外，还介绍了供给体系质量的具体含义，供给体系质量提高的主要目标以及这一目标的演变发展。

第三章是文献综述。本章从经济增长、企业生产和居民生活三个维度讨论交通基础设施的经济效应，梳理并评述相关文献。具体地，分别从早期经典理论和现代经验研究两个方面讨论交通基础设施对经济增长的影响；从成本和效率的角度讨论交通基础设施对企业生产的影响；从城乡收入差距和居民消费的角度切入，讨论交通基础设施对居民生活的影响。通过对既有文献研究结论的评述，引出本书经验研究的主要内容。

第四章和第五章重点研究铁路交通基础设施的经济效应。第四章以城市高铁开通作为一项准自然实验，利用 2003—2015 年地级市数据和双重差分法（DID）研究高铁开通对服务业就业集聚和服务业产值占比的影响，并结合地理距离数据验证了这一影响的作用机制。第五章研究异质性高铁线路开通对服务业集聚的影响，重点关注异质性高铁线路开通在不同经济地理区位城市间、不同等级城市间以及不同服务业部门间，对服务业就业密度和产值占比的差异化影响。

第六章研究水运基础设施与企业规模成长。本章基于三峡工程通航这一水运交通基础设施质量改善的自然实验，使用双重差分法，研究交通基础设施对于企业成长的影响，并从市场规模的角度检验这一影响的发生机制。

第七章和第八章研究公路基础设施对乡村振兴的影响。第七章基于中国家庭追踪调查微观数据库，利用双重差分法实证检验通公路这一交通基础设施的改善对农业劳动力转移的影响，分析通公路对于不同特征居民家庭农业劳动力转移的差异化影响，并对农业劳动力转移的机制进行探索。第八章则重点关注公路基础设施对农村家庭减贫的影响，以恩格尔系数作为家庭贫困程度的衡量指标，基于微观数据衡量通公路这一交通基础设施质量改善的经济影响，并讨论了异质性效应及机制。

第九章为研究结论、政策建议及研究不足。本章结合理论分析及经验研究概括出本书的主要结论，并给出政策建议。

（二）研究框架

本书的研究框架如图 1.2 所示。

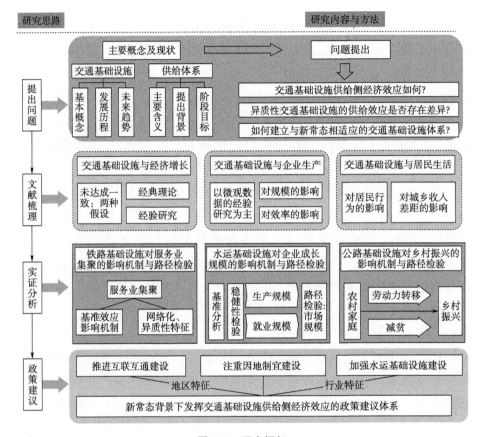

图 1.2　研究框架

四、研究创新点

本书的创新点主要包括三个方面，分别是研究对象的创新、研究内容的创新以及研究策略的创新。

（一）研究对象的创新

从研究对象上看，既有文献的研究对象多为公路和铁路，少有文献关注水运交通基础设施。水运是中国货运的重要组成部分。在中国全部货运周转量中，水运周转量占比在50%以上[①]。水运工程[②]的投资规模大，建设周期长，承担着防洪、发电和航运的重要作用。截至本书写作之前，尚未有国内文献系统地对水运基础设施的经济效应进行考察。此外，在对高铁的研究中，多数文献仅以一条高铁线路开通探讨其对城市交通可达性和产业布局的影响。然而，中国高铁建设是一个由线到网的推进过程，探讨整个高铁网络体系的经济效应才能得到更加符合现实的结果。

本书以三峡通航作为水运交通基础设施质量改善的典型事实，弥补了国内水运交通基础设施研究领域的空白。同时，基于高铁网络体系，考察其对于服务业就业集聚的影响、机制以及不同等级基础设施的差异化影响。

（二）研究内容的创新

从研究内容上看，在宏观的产业层面，既有研究通常集中于高铁开通对经济空间布局的总体影响，鲜有文献将关注点放在对于高铁发展而言影响最为直接的服务业方面，更无对高铁如何引起服务业就业密度变动的机制探讨，也缺乏对异质性高铁线路开通的服务业集聚效应的实证考察，导致研究结论的现实价值不足。在微观领域，企业成长是区域经济增长在微观层面的重要表现，既有文献中研究交通基础设施对宏观经济增长影响的文献居多，考察交通基础设施对微观企业成长的文献较少，仅有部分文献基于公路和铁路的投资建设考察了交通基础设施对微观企业生产率、库存及出口的影响。基础设施建设对劳动力供给究竟是何种作用关系，既有文献大多使用宏观数据，从总体层面估计基础设施对劳动力供给的影响；而在宏观层面，基础设施对劳动力供给的作用渠道是复杂多样的，中间包括多个环节，每一环节均可能受到各种因素的影响，若忽略基础设施在微观层面对劳动力供给的具体作用机制，可能得到有偏的结果。

针对以上问题，本书基于微观数据，首次给出交通基础设施与微观企

---

① 见历年《中国交通年鉴》。

② 如葛洲坝工程和三峡工程。

业规模增长关系的证据，并使用中国家庭追踪调查数据，从微观视角考察了公路基础设施对农业劳动力转移的影响。

（三）研究策略的创新

从研究策略上看，既有文献在考察交通基础设施的经济效应时，多基于省级数据使用面板固定效应模型进行回归，忽略了经济指标增长与交通基础设施建设的内生性关联，从而导致回归结果有偏。

鉴于上述不足，本书将 2008—2015 年全国高铁线路开通信息均纳入研究范围，通过将双重差分估计的控制组城市样本限定在《中长期铁路网规划》（2016）已规划但尚未开通高铁的城市范围，解决高铁选址和服务业就业密度之间可能存在的内生性问题。与此同时，在研究公路基础设施对农业劳动力转移和农村家庭减贫的影响时，将农村家庭样本区分成样本期间内接通公路的实验组，以及在全部样本区间内均未接通公路的控制组，基于双重差分法研究公路基础设施对居民家庭由农业生产转向非农行业的影响，得到排除内生性关联的准确估计结果。

第二章

主要概念含义界定及其发展

本章主要对本书中涉及的基本概念进行系统阐述，并介绍其演变发展的历程，为接下来理论机理的探讨和经验研究做铺垫。

一、交通基础设施的概念

交通基础设施是基础设施的重要组成部分，也是财政支出的关键领域，对经济发展具有重要意义。改革开放 40 多年来，中国在交通基础设施建设领域取得了丰硕的成果。本部分首先明确交通基础设施的概念，界定其范畴，在此基础上回顾中国交通基础设施的发展历程，介绍其发展现状。

交通基础设施隶属于基础设施，在研究"交通基础设施"之前，应首先对"基础设施"的含义予以界定。基础设施的主要功能是为社会提供公共服务，保证国家或地区社会经济活动的正常运行。一般而言，基础设施为具有实体的物质工程。根据世界银行 1994 年世界发展报告，基础设施可分为经济基础设施和社会基础设施，经济基础设施是为经济生产和居民生活提供服务的长期工程建设设备和设施，而社会基础设施主要包括教育和卫生保健设施。交通运输设施、邮电通信设施和能源供给设施等均属于经济基础设施，可作为物质资本要素直接参与生产，有利于促进社会分工，加快经济增长速度；而科教文卫设施、环境保护设施等均属于社会基础设施，其质量提高有助于形成区别于物质资本之外的人力资本、社会资本和文化资本，有利于调整和优化经济结构、改善投资环境。

具体到交通基础设施的含义。"交通"通常与"运输"连用，但二者的含义并不完全一致。"运输"通常指的是人员和物资的位移，偏向于服务。而"交通"拆开来看，"交"意为连接、交汇，"通"则指通达。交通基础设施即经连接交汇而通达的设施，是一种实物投资。在中国，交通基础设施主要包括公路、铁路、港口、内河航道、机场、管道等，其中，港口和内河航道可以统一归类为水运基础设施。

交通基础设施的质量状况决定了一个国家或地区经济发展的速度，是保证市场经济正常运行的基本条件。经济活动需要在一定的地理空间上进行，专业化分工则需要基于各个经济主体的比较优势，一些生产资料和经济行为只有在交通基础设施状况允许的前提下，才能显现出具有市场价值的比较优势，进而加入社会分工体系。倘若交通基础设施条件较差，则原有的比较优势会与高昂的运输成本相抵消。在铁路、公路等现代交通基础设施出现以前，或者在一些交通基础设施状况相对较差的区域，从事市场经济行为的运输成本高昂，因此各个经济主体的运输需求长期保持在较低水平，各类经济主体的活动空间被局限在一个相对狭窄的地域范围之内，难以进行扩大化再生产。某种意义上，人类经济发展的历史就是通过技术进步不断创造出新的交通运输方式，降低运输成本，扩大生产交易等经济活动空间的历史。

二、交通基础设施的发展历程

任何国家或者地区的经济发展都离不开基础设施的协同发展，就中国的发展经验而言，更是如此。改革开放 40 多年来，基础设施的建设对中国经济发展起到了巨大的拉动作用。据测算，1978—2014 年，基础设施投资对国内生产总值（GDP）增长的贡献率为 9.3%（胡李鹏、樊纲、徐建国，2016）。由图 2.1 可以看到，改革开放以来，中国基础设施投资在 GDP 中所占比重呈逐年上升趋势，其对经济增长的贡献也不断上升，由改革开放初期的 5% 左右逐渐上升，近 20 年来呈波动趋势，平均约为 10%。特别是在 2010 年以后，GDP 增速逐年下滑，基础设施投资对 GDP 的拉动作用却逐年增加。基础设施投资是政府对经济进行反向调节的重要手段。

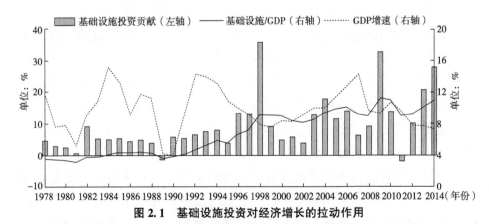

图 2.1 基础设施投资对经济增长的拉动作用

资料来源：胡李鹏，樊纲，徐建国 . 中国基础设施存量的再测算［J］. 经济研究，2016，51（8）：172-186.

　　而在中国经济的基础设施投资中，交通基础设施投资占了较大的比重。借鉴李鹏飞（2016）的做法，本书将基础设施投资分成交通基础设施投资、能源基础设施投资和通信基础设施投资三类①，图2.2给出了这三类基础设施投资额按年份变化的情况。在2003年，我国的基础设施投资额相对较低，交通、能源和通信三类基础设施的投资额分别为5 203.59亿元、3 456.46亿元和1 629.51亿元，此后三类基础设施投资额稳步上升，特别是在2008年国际金融危机以后，为减轻外部需求不足对国内经济增长带来的压力，国家大力推行基础设施投资建设，以2009年9月出台的4万亿元经济刺激计划为例，方案中近一半资金流向交通基础设施建设领域。2009年以后，交通基础设施投资额快速上升。2017年，交通基础设施投资额达到60 909.8亿元，比2003年增长了近11倍。

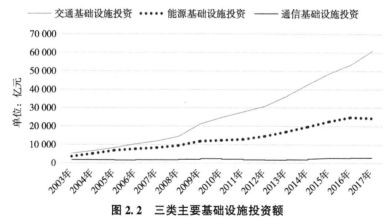

图2.2　三类主要基础设施投资额

资料来源：EPS统计数据库，2017年后不再公布分行业固定资产投资规模数据。

　　具体到不同类别的交通基础设施，中国公路、铁路、水运和航空交通基础设施均获得了突飞猛进的发展，以下分别阐述每一类交通基础设施的发展历程。

---

　　① 交通基础设施投资由铁路运输业新增固定资产、道路运输业新增固定资产、水上运输业新增固定资产、航空运输业新增固定资产、管道运输业新增固定资产、装卸搬运和其他运输服务业新增固定资产，以及仓储业新增固定资产构成；能源基础设施投资由电力、热力的生产和供应业新增固定资产，燃气生产和供应业新增固定资产组成；通信基础设施投资由邮政业新增固定资产、电信和其他信息传输服务业新增固定资产组成。

　　图 2.3 给出了中国公路①里程按年份变化的情况，其中实线描绘出中国等级公路②里程的变化，而虚线代表中国高速公路里程的发展。改革开放初期，中国公路里程保持在较低的水平，整体增长较为缓慢。1978 年，中国等级公路总里程只有 50.64 万公里，而直到 1989 年，中国高速公路的发展仍未实现零的突破。根据国民经济和社会发展战略部署，原交通部于"八五"计划期间提出了公路建设的长远目标规划，计划从 1991 年开始到 2020 年，建成"五纵七横"国道主干线，连接 100 万以上人口的特大城市和绝大多数 50 万以上人口的中等城市，形成一个主要由高等级公路组成的快速、高效、安全的国道主干线系统。

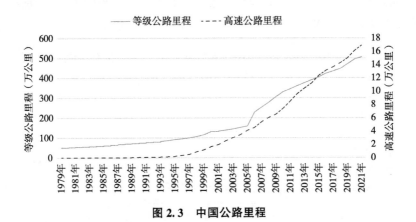

图 2.3　中国公路里程

资料来源：国家统计局网站（https：//data.stats.gov.cn）。

---

　　① 人民交通出版社于 2004 年出版的《公路工程技术标准》，将公路分为五个技术等级。高速公路指能适应年平均昼夜汽车交通量 25 000 辆以上，具有特别重要的政治、经济意义，专供汽车分道高速、连续行驶，全部设置立体交叉和控制出入，并以长途运输为主的公路。一级公路指能够适应年平均昼夜汽车交通量 5 000~25 000 辆，连接重要政治、经济中心，通往重要工矿区，可供汽车分道快速行驶、部分控制出入和部分设置立体交叉的公路。二级公路指能适应按各种车辆折算成中型载重汽车的年平均昼夜交通量 2 000~5 000 辆，连接政治、经济中心或大型工矿区以及运输繁重的城郊公路。三级公路指能适应按各种车辆折算成中型载重汽车的年平均昼夜交通量 2 000 辆以下，沟通县与县或县与城市的一般干线公路。四级公路指能适应按各种车辆折算成中型载重汽车的年平均昼夜交通量 200 辆以下，沟通县与乡、镇之间的支线公路。

　　② 一般按照公路所适应的年平均昼夜交通量及其使用任务和性质，将公路分为若干技术等级。等级公路指报告期末公路技术等级为四级及以上的公路。高等级公路指高速公路、一级公路和二级公路。

　　此后中国公路的建设保持高速增长，"八五"计划中提出的"五纵七横"国道主干线于 2007 年实现基本贯通，截至 2021 年年底，全国等级公路通车里程达到 506.19 万公里，为 1979 年的 10 倍，中国高速公路的已建成通车里程增至 16.91 万公里。中国的公路基础设施逐渐形成覆盖广泛、高效率的运输网络体系。

　　改革开放以后，特别是进入 21 世纪以来，中国铁路进入了快速发展时期。1997—2007 年，中国铁路共进行了六次大提速。

　　1997 年 4 月，中国铁路第一次大面积提速，开启了铁路提速的篇章。这次提速之后，中国铁路的最高运行速度达到了 140 公里/小时；1998 年 10 月，中国铁路开始第二次大面积提速，提速之后，快速列车的最高运行速度可达 160 公里/小时；两年之后，在陇海、兰新、京九、浙赣等线路，中国铁路的第三次大面积提速顺利实施，列车车次等级由传统的七个等级减至三个等级，分别是特快旅客列车、快速旅客列车和普通旅客列车，覆盖全国主要地区的"四纵两横"铁路网基本构建完成；2001 年 10 月，中国铁路第四次大面积提速，提速总里程扩至 1.3 万公里，铁路提速网络覆盖了全国大部分省、自治区、直辖市；2004 年 4 月，中国铁路第五次大面积提速，部分干线地段线路运行速度达到了 200 公里/小时的要求，16 500 多公里路段成功提速，19 对最高速度达 160 公里/小时的直达特快列车的增开成为本次铁路提速的亮点，在缩短铁路运行时间的同时，提高了铁路系统的运输效率。

　　2007 年 4 月 18 日，全国铁路系统正式开展第六次大提速。相较之前的五次提速，第六次铁路提速的重点在于动车组的大规模上线运行，动车组列车的运行速度达 200 公里/小时，部分区段速度可达到 250 公里/小时，中国从此进入了高速铁路时代。2008 年，国家在《中长期铁路网规划》中提出建设"四纵四横"高铁网络，自此之后，中国铁路不再进行大规模的既有线路提速，而开始集中建设新的高速铁路专线，大量速度为 250 公里/小时、300 公里/小时和 350 公里/小时的动车组上线运行。2016 年，国家修编《中长期铁路网规划》，计划在 2030 年形成"八纵八横"高铁格局。截至 2022 年，铁路营运里程已达到 15.49 万公里，"四纵四横"高铁网已经全面建成，"八纵八横"高铁网正在加紧形成。高铁通车里程超过

4.2 万公里，位居全球第一①。

中国是水运大国，拥有以长江水系和珠江水系为代表的内河航运以及以上海、大连和广州等沿海港口为中心的海运。水运发展历史悠久，承担中国每年货物总周转量的 60% 以上。改革开放以后，中国水运进入稳定发展时期，据统计，1980 年，中国水运主要货物吞吐量是 2.17 亿吨，万吨级泊位数为 148 个，此时的万吨级泊位数全部存在于海运港口中，内河航道中的万吨级泊位数为零。到 2002 年，中国水运的主要货物吞吐量为 16.66 亿吨，万吨级泊位数达到 609 个。2003 年之后，随着三峡工程的正式通航，中国内河航运能力显著提升，主要货物吞吐量和万吨级泊位数均快速增长。截至 2021 年，中国主要货物吞吐量和万吨级泊位数分别是 99.72 亿吨和 2 659 个（见图 2.4），比 1980 年分别增长了近 45 倍和近 17 倍。

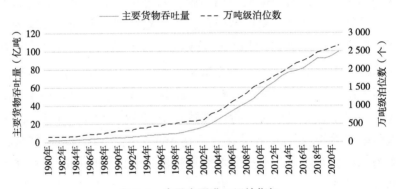

图 2.4　中国主要港口运输指标

资料来源：国家统计局网站。

目前，我国整体水运能力在国际上名列前茅。2022 年 9 月，英国《劳氏日报》发布了 2021 年全球 100 大集装箱港口排名，中国有 28 个港口入围。世界港口集装箱吞吐量排名前 10 位的港口，中国有 7 个，其中上海港连续多年居全球第一，成为国际集装箱港口发展的领跑者②。

_____

① 数据来自国家统计局网站。

② 数据来自中国国际贸易促进委员会浙江省委员会网 2022 年 9 月 5 日的报道《中国港口占 28 席！全球 100 大集装箱港口排行榜出炉》，网址为 http：//www.ccpitzj.gov.cn/art/2022/9/5/art_1229557691_35820.html。

下面分析中国民航业的发展。图2.5给出了中国民航业定期航班航线里程及客运量按年份变化的情况。

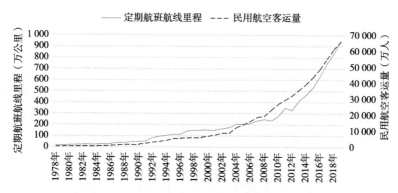

图2.5　中国民航定期航班航线里程及客运量

资料来源：国家统计局网站。

1978年改革开放伊始，中国的民航发展还十分有限，定期航班航线里程为14.89万公里，民用飞机加起来不到400架。20世纪90年代以后，随着国内机场的大规模兴建，中国民航迎来稳定发展时期，民用航空航线由1990年的437条快速增长至2007年的1 506条，与此同时，定期航班里程也由50.7万公里增长至234.3万公里。2008年以后，国家大力兴建交通基础设施，中国民航进入快速发展时期，民用飞机架数、民用航空航线数和定期航班航线里程保持高速增长。2008年，中国民用飞机架数为1 961架，民用航空航线数为1 532条，定期航班航线里程为246.2万公里。截至2019年，中国民用飞机数量已增至6 525架，而民用航空航线数和定期航班航线里程也分别增长至5 521条和948.2万公里[1]。

20世纪80年代以来，中国的民航运输业年均增长率大于10%。2005年以后，中国内地的航空运输总周转量的世界排名升至第二。2019年全年，中国民航累计运输总周转量高达263.2亿吨公里，旅客运输量为6.6亿人次，货物运输量为753万吨，相较改革开放初期的1979年，这一组数字分别增长了约213倍、220倍和94倍，民航业旅客周转量在国家综合交

---

① 2020年后，受疫情影响，民用航班航线数和定期航班里程均呈下降趋势，此处略去不表。

通体系中的比重已经从 1979 年的 1.8% 上升为 2019 年的 33.1%[①]。

三、提高供给体系质量的含义

以深化供给侧结构性改革为主线，是实现高质量发展的必然要求。习近平总书记在 2015 年 11 月 10 日的中央财经领导小组第十一次会议上首次提出："在适度扩大总需求的同时，着力加强供给侧结构性改革，着力提高供给体系质量和效率。"2015 年 11 月 18 日，习近平总书记在亚太经合组织（APEC）工商领导人峰会发表演讲时再次表示："要解决世界经济深层次问题，单纯靠货币刺激政策是不够的，必须下决心在推进经济结构性改革方面作更大努力，使供给体系更适应需求结构的变化。"此后，"供给侧结构性改革"这一词汇频频出现在各路媒体上，引起了中国社会广泛讨论。2021 年 3 月，"十四五"规划发布，提出要"提升供给体系适配性"，强调了供给适应引领创造新需求能力的新要求。2022 年 10 月，党的二十大报告再次指出，要"把实施扩大内需战略同深化供给侧结构性改革有机结合起来"，将供给侧结构性改革作为经济高质量发展的重要内容。要想准确理解"供给侧结构性改革"的含义，首先应对"供给体系质量"有所把握。

（一）供给侧结构性改革提出的背景

提高供给体系质量，是结合中国经济发展当中的实际问题提出的。中国经济进入新常态发展阶段，供需结构性失衡的矛盾日益突出，唯有从供给侧进行改革，提高供给体系质量，才能满足人民日益增长的对美好生活的需要，实现供需平衡的经济稳定发展。

供需结构性失衡，主要表现在产业结构失衡、要素投入结构失衡、增长动力结构失衡三个方面。产业结构失衡既包括产业间结构失衡，也包括同一产业间产品结构的失衡。要素投入结构失衡，主要指的是资本、劳动以及技术等生产要素投入的结构性失衡。而增长动力结构失衡主要指投资驱动型增长和消费带动型增长之间的结构性失衡。以下将分别解释这三类结构性失衡的含义。

---

① 数据来自国家统计局网站。

在"供给侧"概念首次提出的 2015 年年末，中国多项工业产品产量已经高居世界第一，包括煤炭、钢铁在内的大量产品产能过剩，传统钢铁制造厂空有产值而无法形成订单，大量产成品积压。与此同时，与发达国家相比，中国服务业增加值在国民经济总产值当中所占比重相对较低。由图 2.6 可以看出，2014 年全年，中国服务业增加值占比为 47.8%，而发达国家的这一指标基本在 70% 左右，中国服务业发展与发达国家之间还有很大差距。

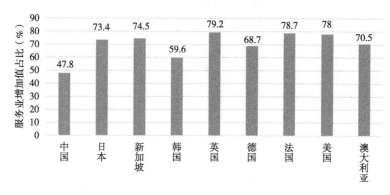

图 2.6　中国及部分发达国家服务业增加值占比（2014 年）
资料来源：国家统计局网站。

具体到产业内部，各个细分行业占比也存在结构失衡的现象，不利于整个产业的健康长远发展。中国制造业中，钢铁、煤炭等行业的产能严重过剩，而包括先进技术制造业和生物医药行业等在内的高新科技产业占比严重不足。服务业中，低端劳动密集型服务业占比较高，而高端服务业发展较为缓慢，特别是高端医疗、商业咨询等行业，目前国内这类服务业的需求大部分依赖进口。

要素投入结构失衡指的是在我国的物质生产要素投入中，资本要素和劳动力要素所占的份额比较大，知识、创新型技术类生产要素所占的比重比较小，这与我国所处的特定历史发展时期具有必然联系。技术进步需要经过长期积累，改革开放初期，我国的科技发展水平十分有限，民办企业刚刚兴起，尚不具备大规模投入研发的实力，而资本投入的门槛相对较低，为尽快实现大规模生产，资本要素在生产要素投入中的比例迅速提高。随着 20 世纪 60 年代婴儿潮时期出生的人口逐渐步入成年，中国劳动力市场供应充足，大规模低成本劳动力使得中国物质生产中劳动力要素的份额不断上升。

进入 21 世纪，依靠资本要素和劳动力要素投入的粗放型增长方式已经难以为继。资源错配等问题使得先期投入的大量资本生产效率低下，部分新增固定资产利用价值不高，造成大量资源浪费。而近年来我国人口年龄结构也出现了一定幅度的变化，从图 2.7 中可以看到，中国劳动力人口①占比在 2010 年达到 74.5% 的峰值，此后逐年下降，而老龄人口②的比重却逐年上升。按照联合国的标准，65 岁以上人口所占比重达到 7% 即意味着一个国家（或者地区）进入老龄化社会，而中国在 2001 年就已达到这一标准，2022 年，中国老龄人口所占比重为 14.9%。中国劳动力成本逐年上升，与发达国家的成本差距不断缩小。

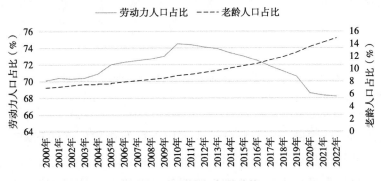

图 2.7　中国人口年龄结构

资料来源：国家统计局网站。

资本投入的低效率和人口年龄结构的转变使得中国必须寻求由粗放型增长转向集约型增长。集约型增长主要通过生产要素质量的改善和使用效率的提高，以及技术进步、劳动者素质提高等方式来实现经济增长，实质就是提高经济增长的质量和效益。就中国经济发展特征而言，集约型经济增长的关键是要实施创新驱动战略，以创新促发展，提高科技要素在我国

---

① 指 15~64 岁人口。

② 指 65 岁及以上人口。

物质生产中所占比重，通过提高质量和效益实现经济发展的良性循环和竞争力提升。党的二十大报告中提出，要"推动战略性新兴产业融合集群发展，构建新一代信息技术、人工智能、生物技术、新能源、新材料、高端装备、绿色环保等一批新的增长引擎"。

增长动力结构失衡主要指资本驱动型经济增长和消费带动型经济增长之间的结构性失衡。在西方经济学经典理论当中，投资、消费和出口是拉动经济增长的"三驾马车"。图2.8给出了这三种需求对中国国内生产总值增长贡献率按年份变化的情况。

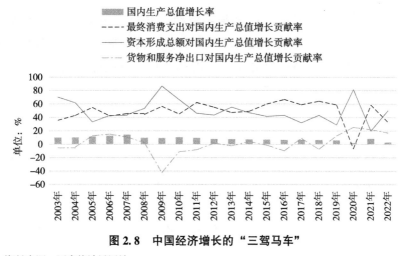

图 2.8　中国经济增长的"三驾马车"

资料来源：国家统计局网站。

2008年国际金融危机爆发，外部需求对我国经济增长的拉动作用大幅降低。为保持稳定的增长趋势，自2009年起，国家开始大规模投资，当年投资对我国经济增长的贡献率高达86.5%。大量资本投资对维持经济稳定发展起到了积极的作用，但同时也造成了大规模的资源浪费、地方债存量激增、企业债台高筑、房地产库存积压等问题，资本投资对经济增长的拉动作用逐年减弱。2011年及以后，消费逐渐取代投资，成为拉动我国经济增长的最主要动能。尽管在2019年以后，受新冠疫情影响，投资和消费的经济拉动作用偶有波动，但不可否认的是，中国人民对高端消费品、高质量消费品的需求日益增加。在当前阶段，中国的供给体系难以适应人民消费需求的转变，供求之间存在结构性偏差，导致国内大量高端商品和服务需求流向海外。党的二十大报告指出："着力扩大内需，增强消费对经济发展的基础性作用和投资对优化供给结构的关键作用。"

（二）供给体系质量提高的长远目标和阶段性任务

供给侧结构性改革是中国进入经济发展新常态时期的长期主线，其初衷是淘汰与当前经济发展阶段不匹配的落后产能，引导生产要素资源合理优化配置，推动供给体系质量提高，与需求侧发展阶段相匹配，实现供需平衡。提高供给体系质量，长远来看是要实现经济结构调整以及经济增长方式的成功转换。

经济结构调整可以从产业结构调整和产品结构调整两个方面来实现。产业结构调整的重点是推进发展现代服务业，提高服务业占国民经济的比重。而产品结构的调整主要对应产业内部调整。就制造业而言，产品结构调整的目标是加快发展先进制造业，变制造大国为制造强国；就服务业而言，产品结构调整的重点是增加高端服务业在整个服务业当中所占的比重。经济增长方式成功转换的关键是要变投资驱动型增长为创新引领型增长和消费带动型增长，推进技术进步，扩大优质增量劳动供给，由粗放型增长转为集约型增长，提高经济增长的质量和效益。

除了经济结构调整和增长方式转变的长期任务之外，供给侧结构性改革在不同时期也有着不同的阶段性任务，相应地，提高供给体系质量的内涵也会随时间推移发生延展。

在2015年年末的中央经济工作会议中，习近平总书记指出，供给侧结构性改革的阶段性任务重点是"三去一降一补"，即"去产能、去库存、去杠杆、降成本、补短板"。其中，"去产能"主要指化解过剩的产能，扭转由于产品供过于求而引起的产品恶性竞争的不利局面，推动生产设备及产品的转型升级；"去库存"主要指化解房地产库存，推进城镇化建设，实行住房制度改革，扩大有效需求；"去杠杆"主要指改善各级市场主体的债务结构，增加权益资本比重，防范金融风险，保障经济健康发展；"降成本"主要指帮助企业降低制度性交易成本，减费降税，激发企业生产活力，间接推动企业进行自主研发和创新；"补短板"主要指补足基础设施建设领域、民生建设领域和生态环保建设领域的短板，解决基础设施建设滞后、区域发展不协调、生态环境不友好的问题。

党的十九大召开之后，供给侧结构性改革的内容又有了新的拓展。除了坚持去产能、去库存、去杠杆、降成本、补短板之外，报告中还提出"建设知识型、技能型、创新型劳动者大军""加快发展现代服务业""加强基础设施网络建设""优化存量资源配置、扩大优质增量供给""激发和保护企业家精神，鼓励更多社会主体投身创新创业"等要求，每一条都为深化供给侧结构性改革指明了发展方向。

党的二十大进一步将"实施扩大内需战略"同"深化供给侧结构性改革"作为构建新发展格局、推动经济高质量发展的两大主线，报告中提出，要"构建优质高效的服务业新体系""加快发展物联网""优化基础设施布局、结构、功能和系统集成""统筹乡村基础设施和公共服务布局"，与时代发展背景相结合，对供给侧结构性改革提出了更高的要求。

（三）本书中的供给体系质量提高

本书的主体部分是第四章至第八章的经验研究部分。在经验研究当中，基于中国交通基础设施发展建设事实，借助大量的统计学方法和计量经济学方法，实证考察了交通基础设施质量改善对供给体系质量提高的影响。图2.9给出了本书经验研究内容中供给体系质量提高涉及的主要方面。

本书经验研究的主要对象均为交通基础设施质量的改善，因此可以全部对应到"三去一降一补"当中的"基础设施补短板"部分。本书经验研究的第一部分和第二部分以服务业就业集聚程度作为被解释变量，研究高铁线路开通对服务业就业集聚的影响，两部分均涉及供给体系质量提高长期目标中的构建优质高效的服务业新体系。第一部分研究的重点在于这一影响的发生机制，第二部分研究的重点是异质性高铁线路开通对于服务业就业集聚的差异化影响。本书以是否连接到一线大城市作为高铁网络联通性的衡量标准，对应了"加快发展物联网"的发展目标。本书经验研究的第三部分从参与市场经济活动的微观经济主体出发，考察交通基础设施对企业生产行为的影响。具体地，第三部分研究三峡通航这一水运交通基础设施质量改善对企业规模成长的影响，对应了提高供给体系质量中"扩

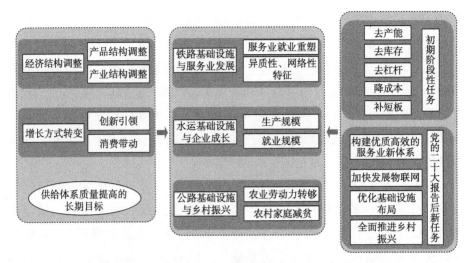

图 2.9　本书中供给体系质量提高涉及的主要方面

大优质增量供给"的发展要求。本书经验研究的最后一部分主要考察通公路交通基础设施对乡村振兴的影响，具体包括对农业劳动力转移和农村家庭减贫的影响，对应了实施乡村振兴战略和建设知识型、技能型、创新型劳动者大军的发展要求。

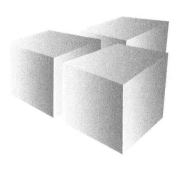

第三章

文献综述

本章从经济增长、企业生产和居民生活三个维度讨论交通基础设施的经济效应，梳理并评述相关文献。具体地，分别从早期经典理论和现代经验研究两个方面讨论交通基础设施对经济增长的影响，从成本和效率的角度讨论交通基础设施对企业生产的影响，从城乡收入差距和居民消费的角度讨论交通基础设施对居民生活的影响。

一、交通基础设施与经济增长

（一）早期经典理论

最早使用经济学方法阐述交通基础设施经济效应的是亚当·斯密的《国富论》。《国富论》第三章阐述了交通基础设施发展对市场规模扩大的重要作用。在斯密所处时代，由于路上交通运输条件相对较差，水运成为地区之间经济往来的主要运输方式。随着水运的发展，地区之间经济活动的范围和内容不断延伸，并逐渐产生了社会分工，以及产业结构的分化与升级。因此，相较于内陆地区，沿海地区的经济往往比较发达。

斯密之后，不断有经济学家将交通基础设施作为一种生产要素加入经济发展理论的阐述当中，其中影响比较大的包括《经济学原理》的作者马歇尔、《工业区位论》的作者韦伯、政治经济学家熊彼特以及发展经济学家刘易斯。

在《经济学原理》一书中，马歇尔讨论了交通运输价格对工业经济在地理空间分布上的影响，即"当交通运输费用下降，或者相距较远的两地之间存在更方便的思想交流方式时，决定工业经济分布的种种因素也会随之而发生改变"。这一理论思想与韦伯的《工业区位论》有异曲同工之处。韦伯认为，"在生产要素和市场给定的条件下，受生产运输成本最小化约束，决定工业分布的首要因素是交通基础设施的发展状况，而非劳动力和其他要素的集聚状况"。熊彼特指出，现代经济学理论同样适用于研究铁路等交通基础设施，"符合经济学规范的成本和价格理论，均可以为铁路经济学的发展做出贡献，与之相对的，铁路经济学这一领域可以为经济学理论的发展提供有趣的特殊模式与问题"。同时，熊彼特还强调了对于交通基础设施的研究具有显著的跨学科特点，"经济学家与工程师有极高的可能进行合作；除了铁路经济学以外，不会再有其他部门存在这种可能性"。刘易斯也阐述了交通基础设施建设对市场规模扩张的重要意义，认为"基于经济学的角度，发达而成本低廉的交通网络是一个国家或地区经济发展最幸运的事"，作为公共基础设施，交通网络的兴建很大程度上取决于统治者的责任意识，"纵观多国历史，好的统治者往往因重视修建道路系统而名扬天下，坏的统治者多因在位期间道路状况恶劣而声名狼藉"。

（二）现代经验研究

交通基础设施的经济效应如何？宏观层面的研究焦点集中在交通基础设施对于经济增长的影响，有学者从交通基础设施投资入手，考察其对于经济增长的关系。基于交通基础设施投资数据和自回归模型的研究发现，交通基础设施投资对于经济增长的作用是正向显著的，并且这种正向效应呈现出空间外溢的特征，相较于发达地区，交通基础设施在欠发达地区的正外部性更加明显（胡鞍钢、刘生龙，2009；Pereira and Andraz，2012）。基于省际投资面板数据的研究显示，交通基础设施投资对于经济的促进作用存在区域异质性差异，但对何种特征的区域促进作用最明显，既有文献未能得出统一结论（张学良，2007；刘勇，2010）。另外，对于欧洲交通基础设施投资的研究还发现，交通基础设施对于经济增长的促进作用受到政府治理能力的制约，当政治环境较差时，高速公路投资回报要低于低等级公路的投资回报（Crescenzi et al.，2016）。基于美国交通基础设施网络的分析表明，交通基础设施的建设会产生显著的经济增长外溢效应，尽管基础设施政策在许多方面与财政联邦主义的原则不相一致，但均会提升公共福利水平（Hulten and Schwab，1997）。

除了资本投资以外，更多学者从实物建设即交通密度的角度，考察交通基础设施的经济增长效应。交通密度，一般被定义为单位面积上交通设施的里程长度。使用这一指标的好处在于，可以进一步区分不同类型交通设施的经济效应。既有文献关于交通密度研究的结论是丰富的。例如，刘秉镰等（2010）基于1997—2007年的省域交通基础设施投资数据，使用空间面板模型研究发现，相较于其他类型的交通设施，高速公路和二级公路带动中国全要素生产率增长的作用更加明显。刘生龙和胡鞍钢（2010）使用1987—2007年省际面板数据的研究显示，铁路与公路密度对中国经济增长有显著的正向促进作用，这一作用随着地理区位和交通禀赋的不同而有所差别，东部沿海地区和中部沿长江地区交通基础设施相对发达，对经济增长的促进作用较为明显。但值得注意的是，多数文献在使用交通基础设施投资和交通密度指标进行考察时，忽略了交通基础设施和经济增长之间的内生性关联，经济发达地区更有可能投资兴建交通基础设施，忽略这一内生联系可能导致高估交通设施的经济效应。为了解决实证估计中的内生性问题，部分文献基于自然实验考察交通基础设施建设前后地区的经济增长差异。铁路提速可以被视为交通基础设施质量改善的自然实验，使用地级市面板数据的研究发现，铁路提速之后，相对于未提速站点，提速站点所在城市的人均 GDP 增长率提高了约 3.7%（周浩、郑筱婷，2012）。还有学者考察高速路网对于区域经济增长的影响，研究发现，连接到高速路网对于沿海地区的经济促进作用要高于中部和外围地区，这一区域异质性会随时间流逝而逐渐消弭，长期来看，高速路网的铺设有利于改善区域间经济发展不平衡（Li and Shum，2001）。

多数文献证实了交通基础设施对于经济增长的正面促进作用，但也有部分文献关注交通基础设施对于经济增长的负面效应，这一负面效应通常由交通基础设施的资源配置作用导致，区域间交通基础设施的改善会加速要素从周边区域向中心区域转移，从而对周边区域的经济发展产生负面影响。不同类型交通基础设施的建设均可能产生负面影响。基于县域面板数据和双重差分模型的研究发现，高速铁路在 2004 年和 2007 年的两次提速显著降低了同一路线上未提速站点所在县域的生产总值和人均生产总值（Qin，2017）。对于印度水坝的研究发现，交通基础设施不仅可能减缓设施周边区域的经济增长，对于设施所处当地的经济也可能产生一定的负面影响，水坝的建设提高了下游地区的农业生产率，降低了该地区的贫困比率，但对水坝所在的上游地区造成了负向影响，表现为使其所在地区的贫困比率上升（Duflo and Pande，2007）。还有学者证实了公路对于经济的负面作用。基于城市面板数据的研究显示，每条径向分散的高速公路会使中心城市 4%~5% 的人口分布到周边城市，而每条径向分散的铁路会使中心城市 26% 的工业生产总值分布到周边城市（Baum-Snow et al.，2017）。使用美国 1950—1990 年数据的研究发现，每一条新经过中心城市的高速公路会使中心城市的人口减少 18% 左右（Baum-Snow，2007）。

还有部分文献研究发现，交通基础设施的建设投资对于经济增长没有显著效应。基于1970—1983年美国州际数据的研究发现，不论是否考虑区域特征差异，高速公路投资对区域经济增长均无任何显著的正效应（Garcia-Milà et al.，1996）。

二、交通基础设施与企业生产

宏观经济增长的基础是微观。在微观领域，企业是大部分产品和服务的生产者和提供者，研究交通基础设施对企业生产的影响，对厘清交通基础设施在微观领域促进经济增长的机制具有重要意义。本部分梳理了研究交通基础设施对企业生产影响的相关文献，主要包括对企业生产成本的影响，以及对企业生产效率的影响。

（一）对企业生产成本的影响

微观层面对交通基础设施经济效应的研究主要以企业作为研究对象，比较直观的考察点在于交通基础设施的改善是否显著降低了企业的成本。

首先考察企业的库存成本。交通基础设施的改善在降低运输费用的同时，也降低了企业在生产环节的运输时间成本。在维持生产规模不变的前提下，若生产资料可以迅速地从异地调入，企业便可减少这部分生产资料的库存，用于维持库存的资金得到释放，可以投入企业的弱势部门或者扩大再生产。基于印度高速公路质量改善的自然实验研究发现，相较于所在城市公路未改善的企业，在公路改善城市，企业的库存成本在公路改善之后显著下降（Datta，2012）。基于1980—1990年美国高速公路投资规模和企业存货面板数据的分析发现，交通基础设施对企业存货成本具有显著影响，样本期内高速公路的存在每年可以为企业节省5%的存货成本（Shirley and Winston，2004）。国内文献也支持这一结论，使用省级交通设施长度和交通密度数据的研究发现，相较于其他类型的交通基础设施，高速公路可以显著降低制造业企业的库存成本，并且在东部沿海地区降低企业库存成本的效应要大于中西部地区（李涵、黎志刚，2009；刘秉镰、刘玉海，2011）。

其次考察企业的劳动力成本。交通基础设施的改善同样可以降低企业的劳动力流动成本。提供客运服务的交通基础设施通常会降低两地之间劳动力流动的费用和时间成本，扩大劳动力市场范围，对企业释放出更多的优质劳动供给。基于中国工业企业面板数据库，张光南和宋冉（2013）使用因素误差似无关方法和空间权重方法实证检验了交通基础设施对制造业企业生产要素投入的影响，研究发现，主要用途为客运的铁路基础设施能显著降低劳动力流动成本，企业会通过选择劳动密集生产技术而减少中间品和资本投入。马伟等（2012）使用全国1%抽样调查面板数据，基于引力模型研究发现，火车提速1%，跨省人口的迁移量会增加约0.8%，这表明交通基础设施的质量改善可以显著促进劳动力要素的自由流动和最优配置。

（二）对企业生产效率的影响

除了生产成本，还有文献关注交通基础设施对企业生产效率的影响。在多数文献中，企业的生产效率用全要素生产率来衡量，还有部分文献的关注点落在企业的交易效率、劳动生产率、运营业绩和出口绩效等指标上。

较多文献关注交通基础设施对企业全要素生产率的影响。全要素生产率（total factor productivity，TFP）的定义为"给定时间内生产活动的效率"，即用总产出除以全部投入要素，是衡量企业生产和区域经济发展的重要指标。国外文献较早关注交通基础设施对全要素生产率的影响。基于美国45个最大城市1880—1920年的数据集，阿绍尔（Aschauer，1989）研究发现，公路、桥梁和水运航道等交通基础设施降低了交通运输的成本，推动了物质资本和劳动力在美国全境内的流动，促进了美国企业全要素生产率的增长。交通基础设施的改善更加便利工人上下班，从而使工人更高效地参与工作（Agénor and Neanidis，2011）。2008年以后，中国基础设施投资快速增长，国内也有部分文献开始关注交通基础设施对企业全要素生产率的影响。刘秉镰等（2010）基于省级面板数据，使用空间面板计量方法研究交通基础设施与中国全要素生产率增长之间的关系，研究发现，交通基础设施显著地推动了中国全要素生产率的提高，2001—2007年，以铁路和公路为代表的交通基础设施存量增加共带动中国全要素生产率增长了11.075%。此后，部分文献基于微观数据进行研究，支持了交通基础设施对企业效率存在正向影响这一结论。使用明朝驿路作为现代高速公路工具变量的研究揭示出，所在县域有高速公路连接的服务业企业生产率更高（高翔等，2015）。李欣泽等（2017）将高铁开通数据与2006—2013年的工业企业数据相匹配，考察高铁开通对企业资源配置的影响，研究发现，高铁开通可以促进资本要素流动，优化企业资本要素配置，进而提高企业生产率，这一配置效应在区位、行业和所有制方面均表现出一定的异质性。施震凯等（2018）将2007年铁路提速视为中国交通基础设施质量提升的一项准自然实验，使用双重差分法（DID）研判铁路提速对企业全要素生产率的影响，发现铁路提速对沿途企业的技术进步和效率提高发挥了积极作用，促进了全要素生产率的增长。也有部分文献研究发现，交通基础设施的建设并未起到优化企业动态资源配置效率的作用，而是通过增强优势企业的竞争力提高区域内企业的全要素生产率。张天华等（2018）将中国高速公路建设信息与工业企业微观数据相匹配，研究交通基础设施建设对企业全要素生产率和进入、退出等生产核心环节的影响。研究发现，高速公路修建产生的增长效应主要是通过影响在位企业的竞争力，而非引入高效企业和淘汰低效企业实现的，其动态资源配置效率潜力并未充分发挥。出于优化企业全要素生产率的需求，新企业在选址时也往往更青睐交通基础设施条件较好的地区。耿纯和赵艳朋（2018）将2000—2007年中国地级市-行业层面非平衡面板数据与工业企业数据相匹配，考察交通基础设施对新建制造业企业选址的影响。基于负二项回归的结果显示，总体上，交通基础设施对新建制造业企业选址存在显著的正向影响，但这一效应在不同特征制造业企业中存在较大异质性，相较于全要素生产率较高、税收贡献较大的企业，全要素生产率较低、纳税能力相对较弱企业的选址决策受交通基础设施的影响更加明显。

除了全要素生产率之外，还有部分文献关注交通基础设施对企业交易效率、劳动生产率、出口绩效和运营业绩等指标的影响。

首先，在企业交易效率方面，交通基础设施的质量改善有助于物质资本和劳动力的空间转移，在成本不变的前提下，更低的流通费用和更短的运输时间会使市场交易的范围扩大，从而提高市场的交易能力与交易效率。赵红军（2005）基于因素分析法对中国1997—2002年平均交易效率的估计显示，交通基础设施对交易效率的提高具有较强解释力。其次，在劳动生产率方面，骆永民（2008）建立一个含有公共物品的经济增长模型，并在此基础上进行模型的比较动态分析，分析结果显示，包含交通基础设施在内的基础设施水平的提高可以通过提高交易效率和劳动生产率促进分工演进和经济增长。其次，在企业出口绩效方面，王永进和黄青（2017）使用1998—2007年工业企业数据，基于"时间敏感度"视角考察企业所在省份以及邻省的交通基础设施质量状况对企业出口绩效的影响。研究发现，交通基础设施能够显著提升企业的出口绩效，相较于邻省交通基础设施，企业所在省份的交通基础设施质量改善对企业出口绩效的提升作用更加明显。此外，相较于内资企业，外资企业的出口绩效受交通基础设施改善的影响更加明显。最后，在企业运营业绩方面，基于省级面板数据，刘民权（2018）使用面板固定效应模型和工具变量的回归方法，实证检验了交通基础设施对中小企业融入区域性和全球性生产网络的作用，研究发现，交通基础设施改善能够直接提升中小企业的各项业绩，并帮助中小企业融入日益扩大的区域性和全球性生产网络。

三、交通基础设施与居民生活

中国建设现代化经济体系的重要任务之一，就是不断提高人民的生活水平。然而，随着经济的发展，贫富差距不断扩大、部分地区贫困现象突出等市场失灵问题逐渐凸显，制约着中国式现代化进程。作为政府提供公共产品的典型代表，交通基础设施对一个国家或地区的居民收入、生活质量和社会福利均有着显著的影响。本部分主要关注交通基础设施在居民生活这一领域所发挥的作用，从城乡收入差距和居民消费的视角，考察既有文献中交通基础设施对居民生活的影响。

（一）对城乡收入差距的影响

交通基础设施会促进物质和资本在区域内的流动，那么这一资源配置作用是否有助于缩小城乡收入差距？既有文献的结论是矛盾的。

首先，关注交通基础设施对缩小城乡收入差距的积极影响。持这种观点的文献大多认为，交通基础设施会打通落后地区与外界的联系，增加这些地区与周边发达地区的经济交往，有利于落后地区居民收入增长，从而缩小城乡差距。吉普森和罗泽尔（Gibson and Rozelle，2003）使用1996年巴布亚新几内亚家庭调查数据，基于工具变量法分析农村道路基础设施对贫困的影响，研究发现，联入公路交通网络可以有效降低贫困发生率。法罗等（Farrow et al.，2005）将世界银行生活调查数据和厄瓜多尔全国人口普查数据相匹配，基于空间计量法研究发现，交通基础设施的改善会降低贫困发生率。

使用中国数据的经验研究也支持了这一结论。这部分文献主要从交通基础设施对农业经济影响的角度进行考察，验证了公路等交通基础设施对农村经济和农民收入增长的积极作用。董晓霞等（2006）基于调查问卷数据研究了交通基础设施对种植业结构调整的影响，研究发现，交通基础设施的建设推动了农业种植结构的调整，并降低了空间地理要素对农业生产的影响。基于1989—2006年中国健康与营养调查数据库，刘生龙和周绍杰（2011）使用静态和动态两种非平衡面板模型，从微观视角考察交通基础设施对中国农村居民收入增长的影响，结果显示，在两种面板模型中，交通基础设施均会显著提高农村居民的收入。任晓红等（2018）基于中国西部省份乡镇层面面板数据研究发现，交通基础设施存量的增加对农村居民人均纯收入具有非线性正向促进作用。而使用2010年和2014年中国家庭追踪调查（CFPS）数据的研究发现，道路基础设施与农村社区贫困显著负相关，联入交通基础设施网络有助于农村减贫，降低农村的贫困发生率（谢申祥等，2018）。这一积极效应随地理区位和交通基础设施类型的不同可能呈现出差异化的特征，例如，等级公路对农业经济的积极作用主要体现在中西部地区（吴清华等，2015），而基于1990—2013年省级空间面板数据的研究发现，对于设施所在地，交通基础设施可以缩小城乡收入差距，高速公路、铁路和其他各等级公路的这一作用依次递减（罗能生、彭郁，2016）。有文献从劳动力转移的角度解释了交通基础设施对农业经济和农村减贫的作用机制。基于二元经济模型框架，刘晓光等（2015）使用中国1992—2010年省级面板数据，证实交通基础设施会促使农业部门劳动力向非农部门转移，从而缩小城乡收入差距。

其次，也有部分文献认为，交通基础设施在缩小城乡收入差距方面起到的作用是负向的，交通基础设施不但没有缩小城乡收入差距，反而由于"虹吸"效应，使贫困落后地区的资源被吸附至发达地区，进一步加剧了落后地区的贫困。早期的国外文献支持了这一观点。基于加利福尼亚州1969—1988 年县域数据的研究发现，交通基础设施的投资建设在促进本县域内生产经营活动的同时，对周边县市的经济辐射出负向影响（Boarnet，1998）。基于印度拦河大坝的研究显示，大坝的建设通过改良灌溉而提高了下游地区的经济产出，但对大坝所在的上游地区农业产出并没有显著影响，反而通过资源的再配置效应加剧了上游地区的贫困（Duflo and Pande，2007）。将美国州际高速公路网的建设视作外生准自然实验的研究发现，与未连接到高速公路网络的地区相比，联入高速公路网络地区大型卡车的流量显著增加，贸易金额增加了 7%～10%（Michaels，2008）。近年来，国内也有文献支持这一负向影响，认为交通基础设施在缩小城乡收入差距方面的作用在不同地区和不同类型基础设施中存在差异。张宗益等（2013）基于 1986—2010 年中国省级面板数据的研究发现，交通基础设施投资存在区域间"挤占"现象，城镇地区挤占农村地区，东部地区挤占中西部地区，从而扩大了城乡收入差距。童光荣和李先玲（2014）使用空间杜宾模型研究发现，交通基础设施建设对相邻地区的影响因设施类型不同而有所差异，绝大多数省区公路里程数的增加可以缩小相邻地区的城乡收入差距，而几乎全部地区铁路里程数的增加都会扩大相邻地区的城乡收入差距。

（二）对居民消费的影响

在分析交通基础设施的影响之前，首先应考虑基础设施总体对居民消费的影响。既有研究大多证实了基础设施对于居民消费影响的重要性，但这类文献多从基础设施总体层面进行分析，很少具体分析交通基础设施对居民消费的影响。荣昭等（2002）利用 1999 年国家统计局的农户家庭调查横截面数据，基于 Probit 模型讨论了中国农户家电需求的影响因素，认为基础设施严重不足制约了中国农户家庭的家电所有量。孙虹乔（2011）研究发现，农村生产型基础设施投入每增加 1%，会引起农村消费增长大约 0.4%，作为比较，农村生活型基础设施投入每增加 1%，会推动农村消费增长约 0.5%。耿晔强（2012）使用 VEC 模型考察了消费环境与农村居民消费水平的动态特征关系，认为基础设施投资对农村居民消费水平的提高有显著作用。

具体到交通基础设施对居民消费的影响，既有文献的结论是矛盾的。部分文献认为，交通基础设施有助于促进居民消费。樊纲和王小鲁（2004）构建消费条件模型考察中国人均消费的影响因素，通过模型研究发现，除了收入以外，城市化水平、交通运输和通信设施条件对消费也有重要影响。王小斌（2017）基于中国 2002—2013 年 281 个地级市的面板数据，采用空间计量模型研究交通基础设施、金融发展与居民消费支出之间的关系，发现交通基础设施显著地促进了居民消费支出的增加。

也有文献认为，基础设施投资和居民消费呈替代关系。基于 1978—2006 年中国省际面板数据的研究发现，政府预算中基础设施投资每增加 1%，会使居民消费在 GDP 中的比重下降 0.31%（Chen and Yao，2011）。肖挺（2018）基于 2005—2015 年的中国省级面板数据，使用系统 GMM（Generalized Method of Moment）和门槛估计的方法考察交通基础设施建设对居民消费区域流向的影响。实证结果显示，交通基础设施对居民消费的影响与各地区的经济发展水平相关，总体而言，居民的消费更倾向于流入经济发达的地区，这意味着对于经济不发达地区，交通基础设施质量的改善可能会加剧本地区居民消费的流失。

四、文献述评

回顾既有文献，从研究对象上看，既有文献的研究对象多为公路基础设施和铁路基础设施，尚未有文献系统地研究水运交通基础设施的经济效应。水运经济是中国货运经济的重要组成部分，从货运周转量来看，水运周转量占全国总货运周转量的比值常年保持在 60% 以上；从运价来看，水运单位费用约为 0.05 元/吨公里，约为铁路运输价格的 50%、公路运输价格的 4%。本书基于经济学方法系统研究水运基础设施的经济效应，有助于进一步建设互联互通的交通网络，发挥交通基础设施对经济增长的最大效益。

从内容上看，在讨论铁路基础设施的时候，既有文献多基于铁路基础设施总体进行研究，或者将高铁区别于普通铁路设施，单独对其进行研究，少有文献进一步区分铁路基础设施的等级和异质性特征，进行差异化研究。随着中国交通基础设施的飞速发展，同类型基础设施的差异化特征也越发明显。以铁路基础设施为例，按照运营的速度等级分为普通铁路、快速铁路和高速铁路，而高速铁路又分为运行速度超过 200 公里/小时但低于 250 公里/小时（含）的中低速高铁线路和运行速度超过 300 公里/小时的高速高铁线路，不同等级的铁路基础设施可能产生截然相反的经济效应。本书基于速度和网络化视角，对中国高铁线路的开通进行差异化研究，为政策制定者提供参考，有助于提高铁路基础设施的运营效率，建设与现代化经济体系相匹配的交通网络。

从识别机制上看，部分文献主要基于交通基础设施投资资本或者交通密度对基础设施的经济效应进行考察，然而使用这两种指标都会面临内生性的问题。交通基础设施的建设会促进经济增长，经济增长又会反过来作用于基础设施的建设，二者之间存在互为因果的关系（黄寿峰、王艺明，2012）。尽管部分文献使用历史交通数据作为现代交通基础设施工具变量，但工具变量识别的有效性仍然有待商榷。本书将交通基础设施质量改善视作一项准自然实验，基于双重差分法对交通基础设施的经济效应进行研究，有效降低了回归中的内生性偏误，并在基准回归的基础上进行多次稳健性检验，得到稳健可靠的结论。

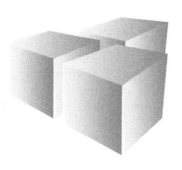

第四章

铁路基础设施与服务业集聚：效应和机制

一、引言

高铁作为转型期中国经济增长的最重要推动器之一（Chen，2012），近年来获得了迅速发展。2008—2022 年，中国高铁的运营里程数累计增加了 4.2 万公里，年均增长超过 3 000 公里，位居 2007—2016 年世界第一；基本建成的"四纵四横"高铁网络覆盖全国超过 200 个大中型城市（地级市）（如图 4.1 所示）。2021 年 2 月，中国政府在《国家综合立体交通网规划纲要》中提出了"到 2035 年建成高速铁路 7 万公里，形成由'八纵八横'高速铁路主通道为骨架、区域性高速铁路衔接的高速铁路网"，这将中国高铁发展推向了新阶段。如此大规模的高铁建设和运营，无疑会对中国经济空间布局产生极其深远的影响。

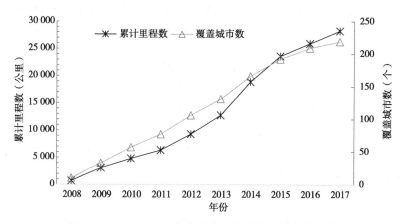

图 4.1　2008—2017 年中国高速铁路的发展变化情况

资料来源：中国铁路总公司网站和高铁网（www.gaotie.com）。受数据可得性所限，图中数据仅更新到 2017 年。

从理论上讲，高铁可以破除生产要素流动的空间壁垒，缩短区域间的"时空距离"，改善城市间可达性，从而引起区域经济结构的转变（王缉宪，2011；Hensher et al.，2014）。在中国，高铁以客运为主。以劳动力作为主要生产要素的服务业，因其产品通常具有不可储存性、不可运输性的特点，受到高铁发展的影响最为直接（Hall，2009；邓涛涛等，2017）。伴随着高铁发展，中国服务业也经历了快速发展阶段，但在增长速度上却出现了显著的空间分化现象。2007—2016 年，中国服务业就业密度最大增长幅度出现在上海、北京、广东、浙江等东部地区，而西藏、青海、新疆、内蒙古等中西部地区相应指标的增长速度较慢。与各省、自治区、直辖市高铁开通城市的覆盖情况对比发现，高铁覆盖面变化较大的省份通常具有较高的服务业就业密度变化[①]。也就是说，高铁发展与服务业空间布局变化存在着统计上的相关性。

对于服务业而言，高铁开通降低了运输成本，加快了地区间劳动力和信息的流动，从而促进了开通地区服务业的发展（Pol，2003）。李廷智等（2013）研究认为，高铁开通增加了面对面交流的机会，促进了知识的外溢，这有利于知识的创造和商务服务的发展。对中国长三角地区城市进行的实证研究发现，高铁开通显著促进了高铁开通城市的服务业发展，但存在着时滞或空间异化现象（Shao et al.，2017；邓涛涛等，2017）。覃成林等（2017）认为，高铁的"廊道效应"扩大了高铁沿线城市生产性服务业密度差异，但并未对非高铁沿线城市产生明显影响。那么，高铁发展是否导致上述服务业空间布局变化？是引起了服务业就业的集聚还是扩散？本章将城市高铁开通事件作为一项准自然实验，基于中长期铁路网规划城市数据，利用双重差分法（DID）考察该事件对城市服务业就业密度的影响效应，以期对上述问题作出系统、科学的回答。

在实证研究中，考虑到高铁开通与地级市服务业就业之间可能存在内生性问题，本书对回归样本进行了严格的筛选和限定。具体地，将实证估计用到的处理组和对照组城市限定于《中长期铁路网规划》（2016）中规划建设高铁的 266 个城市（地级市）名单之中。这是因为，规划开通高铁的城市名单通常是提前并按照统一标准选定的，即这些城市对于高铁开通事件而言具有相似的特征。利用"已规划已建设"和"已规划未建设"这两类城市之间的差别来考察高铁开通对服务业就业密度的净效应，可以有效规避高铁选址与城市服务业就业之间可能存在相关性所产生的内生性问题。

本章余下内容安排如下：第二部分介绍高铁的经济效应相关研究；第三部分介绍实证估计的策略、模型、变量的构成及数据来源；第四部分给

---

① 资料来源：《中国统计年鉴》及高铁网，由作者计算整理得到。

出实证结果并加以分析；第五部分对高铁开通影响服务业就业密度的机制进行检验；第六部分总结本章内容并给出相关政策建议。

二、文献与理论机理

(一) 高铁的经济效应：文献回顾

截至目前，国内外诸多文献关注了高铁对经济发展和空间格局变化的影响，仅有少量文献探讨高铁与服务业发展之间的实证关系。

首先，考察高铁的增长效应与空间效应。

一方面，对于一个地区而言，高铁开通所带来的可达性的提高，可以刺激这一地区经济交往活动，从而促进经济发展。运用澳大利亚悉尼和墨尔本之间的高铁项目进行的实证研究发现，高铁开通显著促进了社会就业集聚，并且这一效应主要是由非工作旅行引起的 (Hensher et al.，2014)。龙玉等 (2017) 基于高铁通车的研究发现，高铁带来的可达性提高使得高铁开通城市吸引了更多的风险投资。王雨飞和倪鹏飞 (2016) 基于中国地级市数据检验了交通对经济发展的影响，发现高铁开通后，中国区域间经济增长的溢出效应确有提高，同时也证明了交通对经济发展存在增长效应。基于中国高铁发展背景对高铁开通带来的交通成本变化影响城市就业的研究发现，高铁开通可以促进城市就业增加7%，高铁开通引致的市场可达性城市就业弹性在 2 ～ 2.5 (Lin，2017)。此外，奥兹贝等 (Ozbay et al.，2006)、张学良 (2012)、王垚等 (2014)、黄张凯等 (2016)、刘志红等 (2017) 以及其他学者也进行了相关主题研究。

另一方面，高铁开通可以强化这一地区的区位条件，引起经济空间布局变化。有实证研究表明，核心地区特别是中心城市的高铁开通会对边缘地区产生不利影响，甚至出现极化现象 (Hall，2009)。有文献分析了荷兰高铁服务对办公选址的影响，认为高铁服务有助于提高一个地区作为办公地的吸引力 (Willigers and Van Wee，2011)。有研究认为，中国高速铁路的发展会引起城市之间剧烈的时空收缩和变迁，城市之间发展不平衡将成为中国空间经济重构的巨大挑战 (Chen，2012)。赵丹和张京祥 (2012) 研究发现，高速铁路缩短了长三角城市之间的时空距离，从而可以推动长三角一体化发展，另有其他学者 (Li et al.，2016) 的研究得到了同样的结论。李红昌等（2016）实证研究了高铁开通对城市经济集聚和均等化的影响，发现高速铁路促进经济更向西部地区集聚。张克中等（2016）基于全国地级市面板数据的研究发现，高铁开通显著降低了沿途非中心区域城市的经济增长率，并且与中心区域城市的距离越近，高铁开通对其经济增长的负向影响越大。王春杨等（2018）基于实证考察高铁建设对城市群空间演进的异构效应，研究发现，高铁建设对城市体系空间格局的影响存在显著的区域差异，在长三角以及珠三角城市群促进了人口与经济扩散。

其次，考察高铁的服务业发展效应。

对于服务业而言，高铁开通降低了运输成本，加快了地区间劳动力和信息的流动，从而促进了高铁开通地区服务业发展（Pol，2003）。李廷智等（2013）研究认为，高铁开通增加了面对面交流的机会，促进了知识的外溢，这有利于知识的创造和商务服务的发展。基于中国长三角地区城市的实证研究发现，高铁开通显著促进了高铁开通城市的服务业发展，但存在着时滞或空间异化现象（Shao et al.，2017；邓涛涛等，2017）。覃成林等（2017）认为，高铁的"廊道效应"扩大了高铁沿线城市生产性服务业密度差异，但并未对非高铁沿线的城市产生明显影响。

综上，国内外学者对高铁经济效应的研究已形成了较丰富的文献，但仍存在以下三点不足：其一，从研究对象上看，多数文献仅以一条高铁线路探讨其对城市交通可达性和产业布局的影响。然而，中国高铁建设是一个由线到网的推进过程，探讨整个高铁网络体系的经济效应才能得到更加符合现实的结果。其二，从研究内容上看，已有研究通常集中于高铁开通对经济空间布局的总体影响，很少关注对高铁发展影响最为直接的服务业方面，更无对高铁如何引起服务业就业密度变动的机制探讨。其三，从研究方法上看，一些研究文献采用了双重差分法（DID），但控制组选择方面存在着一定的缺陷，如可能仍然存在着内生性问题，从而导致回归结果有偏。鉴于上述不足，本书将2008—2015年全国高铁开通信息纳入研究范围，通过将运用双重差分法（DID）的控制组城市样本限定在《中长期铁路网规划》（2016）已规划但尚未开通高铁的城市范围，解决了高铁选址和服务业就业密度之间可能存在的内生性问题，探讨了高铁开通对服务业就业密度的总体效应、分类效应以及影响机制等。

（二）高铁与服务业集聚：理论机理

在宏观的产业层面，本书主要以高铁开通作为交通基础设施质量改善的代表，讨论其影响服务业就业集聚程度的理论机理。

高铁开通可以提升一个地区的交通可达性水平，强化一个地区的区位优势，进而使经济空间格局发生转变（Hall，2009；王姣娥等，2014；张克中等，2016）。服务业是一种产品无法储藏、生产与消费同时进行的特殊行业（李文秀，2012；邓涛涛等，2017），交通可达性改善对它的影响更为直接和重要。具体来看，高铁开通对服务业就业的影响表现在以下三个方面：

第一，市场边界扩张效应。对于一个城市而言，因为服务产品具有上述特征，服务业市场通常被限制在一定地理范围内，而制约市场范围的最主要因素就是交通便利性所带来的时间成本。然而，高铁的开通大幅降低了这一城市与其他地区之间的交通时间成本，使这一城市能以相对较低的价格向更远的地方提供优质的服务产品，或者使更远的消费者能以较低的价格从这一城市购买到优质的服务产品（陈建军等，2009；董艳梅等，2016）。如此，服务业市场地理范围的扩张推动了城市服务业发展及就业水平提升[①]。

第二，生产要素供给效应。中国高铁主要是客运铁路，其带动生产要素流动主要表现在"人流"和"信息流"方面（陈建军等，2009；邓涛涛等，2017；Shao et al.，2017）。首先，高铁开通降低了区域间交通时间成本，增加了劳动力的工作搜索范围，促进了劳动力跨区或跨行业流动和配置（Hensher et al.，2014）。如前所述，一个城市的服务业因为高铁开通强化了区位优势，而这一优势通常表现在服务业生产效率和工资水平的上升以及服务业市场范围的扩大等方面。这些优势可能会吸引其他地区或行业的劳动力流入此城市从事服务业工作。其次，高铁开通增加了面对面交流的机会，加快了就业信息的传播。信息流的快速传播可以有效促进服

---

① 高铁开通后，一些服务企业为了减少经营支出，可能将其经营场所从高铁中心城市迁至周边中小型高铁开通城市，从而导致就业人口区域间转移。然而，这种情况仅引起高铁开通城市之间就业密度的变化。本书主要关注高铁开通城市与非高铁开通城市之间就业密度的变化及差异。

务业企业的就业实现，从而提高服务业就业密度。

第三，环境改善效应。从长远来看，高铁作为一种公共基础设施，可以提升居住环境的便利性和舒适性（Elhorst and Jan，2008；董艳梅、朱英明，2016）。这会吸引其他地区的人口迁居于此，增加城市人口的整体规模，进而增加服务产品的需求，并且因为"劳动力池"效应而推动服务业就业水平的提升。

基于上述分析，本书提出高铁开通与城市服务业就业集聚的理论假说 4.1：

假说 4.1：相较于其他非高铁开通城市，高铁开通促进了开通城市服务业就业密度和产值占比提高。

三、实证策略、模型与变量

（一）实证策略、模型

本章主要考察高铁开通对城市服务业就业密度和产值占比的影响效应。考虑到高铁开通的数据特征，实证过程中主要使用双重差分法（DID）。使用这一方法的好处在于，可以同时兼顾城市服务业就业在高铁开通前后以及是否开通高铁城市之间的差异，从而得到高铁开通对城市服务业就业密度的净效应。

双重差分法（DID）有效估计的前提是，处理组城市和控制组城市的差别仅存在于是否有高铁开通方面，而不存在于其他方面。但实际上，高铁往往在经济发达或人口密度大的地区率先开通，高铁开通城市与非高铁开通城市可能本身就存在着经济发展或人口密度方面的差别（Lin，2017）。这意味着，高铁线的选址很可能与城市服务业集聚程度相关，从而使回归存在内生性问题，导致回归结果出现偏误。为了解决这一问题，本书实证回归中所用到的控制组城市样本被限定在《中长期铁路网规划》（2016）列入规划但未开通高铁的城市范围。在《中长期铁路网规划》（2016）中，涉及已开通和规划开通的城市共 266 个，尽管这些城市高铁开通的时间有先有后，但仍可以在很大程度上保证它们作为处理组城市或控制组城市是按照统一标准筛选出来的，这就避免或解决了实证估计中可能存在的内生性问题，从而得到高铁开通对城市服务业集聚的净效应①。

将高铁开通这一事件视为一项准自然实验，建立以下总体回归模型：

$$Y_{it} = \beta_0 + \beta_1 \cdot hrs_{it} + \gamma \cdot X_{it} + \lambda_t + \alpha_i + \varepsilon_{it} \qquad (4.1)$$

式中：Y_{it} 为服务业就业密度以及服务业产值占比；hrs_{it} 为高铁开通变量；X_{it} 为地级市特征变量，包括衡量城市经济发展水平和城市基础设施水平的两类指标；β_0 为常数项；β_1 为核心解释变量的系数；γ 为系列地级市特征变量的系数；λ_t 表示时间固定效应；α_i 为城市固定效应；ε_{it} 为随机误差项。

将《中长期铁路网规划》（2016）中未列入规划的城市排除后，本书使用了 2003—2015 年 266 个城市（地级市）面板数据。其中，截至 2015 年年底已开通高铁的城市 163 个，列入规划但尚未开通高铁的城市 103 个。

（二）变量与数据来源

1. 被解释变量

（1）服务业就业密度（seagg）

本章中，服务业就业密度（seagg）具体用单位行政区域面积上的服务业就业人数表示，用于反映服务业就业人数在某一城市地理区域内的集中程度。为了保证数据平滑，本书对服务业就业密度指标做了取自然对数处理。

（2）服务业产值占比（sepct）

服务业产值占比指的是各地级市当年服务业产值占地级市国内生产总值的比重，用于反映地级市产业结构升级的程度。

2. 解释变量：高铁开通（hsr）

在回归模型中，hsr_{it} 表示 i 城市第 t 年高铁开通的状况，若第 t 年在 i 城市设站的高铁处于通车状态，则该变量值设定为 1；否则，设定为 0。考虑到近年有很多重要高铁线路首开的时间集中在年底和年中的情况，为了更好地体现高铁开通与其经济影响的对应关系，本章在设定高铁开通指标时，做了滞后半年（6 个月）处理，即将上年度 7 月 1 日至本年度 6 月 30 日开通的高铁线路归为本年度开通的高铁线路，以此对应本年度的服务就业密度指标和其他回归变量指标。

---

① 有研究认为，在规划城市中，城市高铁开通时间差异主要取决于工程施工难度（Lin，2017）。

3. 控制变量

(1) 描述城市经济发展水平的控制变量

具体包括：人均 GDP（*gdpcapita*）、人口增长率（*popgrate*）、财政自给率（*fissrate*）、人均外商直接投资额（*fdicapita*）和固定资产投资增长率（*invgrate*）。其中，人均 GDP（*gdpcapita*）用真实国内生产总值除以当年总人口均值表示，用于控制各地级市的经济发展特征；人口增长率（*popgrate*）用当年的人口均值减去上年均值，再除以上年人口均值表示，用于衡量样本区间内各个地级市的人口增长率；财政自给率（*fissrate*）用地方财政一般预算内收入与地方财政一般预算内支出的比值表示，用来衡量城市的财政状况；人均外商直接投资额（*fdicapita*）用真实的外商直接投资额除以当年平均总人口表示，用于衡量一个城市吸引外资的状况；固定资产投资增长率（*invgrate*）用城市当年固定资产投资增长额占上年固定资产投资额的比重表示，用于控制城市固定资产投资增长状况。

(2) 与城市基础设施水平相关的控制变量

具体包括：公路客运比（*highwayrider*）、专任教师数（*teachers*）、医院床位数（*hospitalbeds*）、城市轨道交通开通（*subway*）和民航机场开通（*civilair*）。其中，公路客运比（*highwayrider*）用公路客运量占全年客运总量的比重表示，用于控制城市公路基础设施变化对高铁开通效应的替代影响；专任教师数（*teachers*）用城市中学专任教师数的自然对数表示，用来衡量城市的教育基础设施水平；医院床位数（*hospitalbeds*）用城市医院和卫生院床位数的自然对数表示，用以衡量城市卫生基础设施水平；城市轨道交通开通（*subway*）和民航机场开通（*civilair*）用哑变量表示，即如果一个城市开通了轨道交通或民航机场，则这两个指标设为 1，否则为 0，用于控制一个城市的交通基础设施状况。

需要说明的是，对于行政区划变化较大的城市，考虑到其数据连贯性问题，本书对这些城市做了剔除处理。各城市高铁开通信息主要来源于中国高铁网（www.gaotie.cn）和中国铁路客户服务中心网站（www.12306.cn），规划信息来源于《中长期铁路网规划》（2016）。其余指标的原始数据均来源于《中国城市统计年鉴》和各地级市统计年鉴。主要变量的描述性统计如表 4.1 所示。

表 4.1　主要变量的描述性统计

变量名称	经济含义	样本量	均值	标准误	最小值	最大值
a. 被解释变量						
seagg	服务业就业密度	3 463	2.693	1.003	−1.316	6.800
sepct	服务业产值占比	3 460	36.450	8.521	11.050	79.650
b. 解释变量						
hsr	高铁开通	3 463	0.189	0.391	0	1
c. 控制变量						
gdpcapita	人均 GDP	3 455	9.208	0.605	3.750	11.820
fdicapita	人均外商直接投资额	3 343	5.426	1.715	−1.891	9.875
fissrate	财政自给率	3 463	50.180	22.150	12.310	105.100
invgrate	固定资产投资增长率	3 453	27.540	23.500	−24.930	140.400
popgrate	人口增长率	3 440	0.754	1.095	−1.973	6.922
highwayrider	公路客运比	2 949	91.830	9.354	49.380	100
teachers	专任教师数	3 463	3.644	0.187	2.751	4.886
hospitalbeds	医院床位数	3 461	3.451	0.451	2.096	4.920
subway	城市轨道交通开通	3 463	0.041	0.199	0	1
civilair	民航机场开通	3 463	0.392	0.488	0	1

四、实证结果与分析

（一）基准回归

本部分考察高铁开通对于服务业就业密度和服务业产值占比的影响，检验理论假说，相应的回归结果如表 4.2 所示。

在表 4.2 中，第（1）～（4）列和第（5）～（8）列分别为渐次纳入城市经济发展水平和城市基础设施水平特征变量作为控制变量后的回归结果，可以看到，自变量 hrs 的回归系数均在 1% 的显著性水平下显著，且大小并未发生明显变化。根据第（4）列的回归结果，高铁开通使城市服务业就业密度提升了 6.44%，根据第（8）列的回归结果，高铁开通使城市服务业产值占比提升了约 1.22%，支持前面的理论假说。

表 4.2 基准回归结果

被解释变量	seagg				sepct			
	(1)	(2)	(3)	(4)	(5)	(6)	(7)	(8)
hrs	0.059***	0.060***	0.059***	0.064***	1.567***	1.229***	1.245***	1.216***
	(0.013 7)	(0.012 7)	(0.012 6)	(0.014 2)	(0.447 8)	(0.423 6)	(0.423 9)	(0.461 8)
gdpcapita		-0.019 4	-0.027 2	-0.024 9		-6.877***	-7.024***	-6.249***
		(0.047 9)	(0.047 1)	(0.059 4)		(1.166 5)	(1.197 4)	(1.277 4)
fdicapita		-0.017***	-0.019***	-0.021***		-0.173 8	-0.187 4	-0.240 8
		(0.004 9)	(0.004 9)	(0.005 0)		(0.164 1)	(0.166 3)	(0.181 4)
fissrate			0.002***	0.001***			0.012 5	0.010 0
			(0.000 4)	(0.000 4)			(0.013 6)	(0.014 5)
invgrate			0.000 3*	0.000 3*			-0.006 4*	-0.003 9
			(0.000 2)	(0.000 2)			(0.003 7)	(0.003 6)
popgrate			-0.002 4	-0.001 6			0.046 7	0.035 0
			(0.003 7)	(0.004 6)			(0.099 9)	(0.109 9)
highwayrider				-0.001 5*				-0.031 8
				(0.000 8)				(0.025 9)
teachers				0.151 8**				4.940***
				(0.059 4)				(1.585 1)
hospitalbeds				0.024 8				-1.231 9
				(0.054 6)				(1.259 4)
subway				0.102***				0.818 4
				(0.037 5)				(1.044 5)
civilair				0.025 1				0.856 0
				(0.022 7)				(0.821 1)
常数项	2.571***	2.878***	2.865***	2.396***	36.11***	99.20***	100.4***	82.59***
	(0.008 1)	(0.429 6)	(0.416 7)	(0.370 5)	(0.272 6)	(10.486 1)	(10.810 6)	(14.175 5)
N	3 463	3 335	3 311	2 825	3 460	3 334	3 310	2 824
R^2	0.552 6	0.566 1	0.570 8	0.541 3	0.224 9	0.277 0	0.282 9	0.213 9

注: 括号内为标准误, *代表 $p<0.1$, **代表 $p<0.05$, ***代表 $p<0.01$。回归中均控制了年份固定效应与城市固定效应。受篇幅所限, 时间项的回归结果未予列出。

此外，从表4.2中还可以发现，人均外商直接投资额（*fdicapita*）显著抑制了城市服务业就业密度，这可能是因为外商直接投资通常会产生显著的技术效应（Markusen and Venables，1999；Aghion et al.，2005），进而替代了企业对劳动力的需求。固定资产投资增长率（*invgrate*）显著促进了城市服务业就业密度的提升，这表明资本和劳动力呈现同向的增长和搭配。财政自给率（*fissrate*）显著促进了服务业就业密度的提升，这与直觉观察一致：财政自给水平较高的城市通常经济发展水平较高，这些地区因为工资水平高而吸引了更多的人在这些城市从事服务业工作。在城市基础设施水平特征变量中，公路客运比（*highwayrider*）对城市服务业就业密度产生了显著的负向影响，专任教师数（*teachers*）和城市轨道交通开通（*subway*）的影响均显著为正，而其他特征变量的影响并不显著。值得注意的是，城市人均GDP与服务业产值占比呈显著负相关关系，一个可能的解释是，当前我国人均GDP较高的地区多以工业作为支柱产业，这也反映出我国服务业产值占比仍有较大提升空间。

为了进行平行趋势检验，将高铁开通（*hrs*）这一变量的提前期和滞后期同时纳入回归，构建以下回归模型：

$$Y_{it} = \beta_0 + \sum_{m=0}^{M} \beta_{1m} \cdot hrs_{i,\,t-m} + \sum_{n=1}^{N} \beta_{2n} \cdot hrs_{i,\,t+n} + \gamma \cdot X_{it} + \lambda_t + \alpha_i + \varepsilon_{it} \quad (4.2)$$

式中：$hrs_{i,\,t-m}$ 和 $hrs_{i,\,t+n}$ 分别为 hrs_{it} 的提前 m 期和滞后 n 期的变量。设定 $M=N=2$，3，4，5，相应的回归结果如表4.3所示。

表4.3 平行趋势检验回归结果

被解释变量	seagg				sepct			
	（1）	（2）	（3）	（4）	（5）	（6）	（7）	（8）
$hrs_{i,t-5}$	−0.010 3 (0.015 6)				−0.310 9 (0.302 0)			
$hrs_{i,t-4}$	−0.014 2 (0.014 6)	−0.013 7 (0.011 4)			−0.564 0 (0.354 0)	−0.546 8* (0.292 9)		
$hrs_{i,t-3}$	−0.009 5 (0.014 7)	−0.009 1 (0.011 4)	−0.011 9 (0.008 9)		−0.058 0 (0.401 8)	−0.044 9 (0.343 6)	−0.038 5 (0.280 0)	

续表

被解释变量	seagg				sepct			
	（1）	（2）	（3）	（4）	（5）	（6）	（7）	（8）
$hrs_{i,t-2}$	0.007 9	0.007 7	0.003 3	−0.002 6	0.300 3	0.296 4	0.273 8	0.120 5
	(0.014 9)	(0.011 8)	(0.009 5)	(0.007 9)	(0.465 7)	(0.402 1)	(0.341 1)	(0.283 2)
$hrs_{i,t-1}$	0.018 4	0.017 6	0.011 2	0.003 8	0.633 5	0.608 4	0.543 2	0.362 1
	(0.016 3)	(0.013 0)	(0.010 7)	(0.009 0)	(0.499 9)	(0.431 5)	(0.362 9)	(0.302 3)
$hrs_{i,t}$	0.031 1 *	0.030 0 **	0.022 8 **	0.014 0	0.477 6	0.443 2	0.369 6	0.161 5
	(0.015 9)	(0.013 3)	(0.011 1)	(0.009 5)	(0.548 1)	(0.478 9)	(0.399 7)	(0.330 7)
$hrs_{i,t+1}$	0.049 1 **	0.047 5 ***	0.039 0 ***	0.028 9 **	1.420 7 **	1.371 6 **	1.276 9 ***	1.037 4 **
	(0.019 3)	(0.016 8)	(0.014 1)	(0.012 0)	(0.643 4)	(0.574 3)	(0.481 1)	(0.399 8)
$hrs_{i,t+2}$	0.088 4 ***	0.086 5 ***	0.076 1 ***	0.062 6 ***	1.910 2 ***	1.853 8 ***	1.718 5 ***	1.410 8 ***
	(0.021 1)	(0.018 9)	(0.016 2)	(0.013 0)	(0.709 0)	(0.640 6)	(0.532 3)	(0.426 0)
$hrs_{i,t+3}$	0.094 8 ***	0.091 4 ***	0.077 5 ***		1.862 9 **	1.762 3 **	1.553 0 ***	
	(0.023 9)	(0.021 2)	(0.017 5)		(0.771 4)	(0.688 9)	(0.551 1)	
$hrs_{i,t+4}$	0.082 1 ***	0.077 8 ***			1.612 7 *	1.483 8 **		
	(0.025 0)	(0.022 4)			(0.849 1)	(0.748 2)		
$hrs_{i,t+5}$	0.045 8 *				1.369 6 *			
	(0.025 7)				(0.794 9)			
常数项	2.453 9 ***	2.483 7 ***	2.496 7 ***	2.563 1 ***	82.933 ***	83.823 ***	84.069 ***	85.392 ***
	(0.372 5)	(0.373 2)	(0.378 9)	(0.384 6)	(14.119 7)	(14.078 4)	(14.080 6)	(14.082 5)
N	2 825	2 825	2 825	2 825	2 824	2 824	2 824	2 824
R^2	0.546 1	0.545 2	0.540 9	0.534 6	0.222 1	0.220 6	0.216 4	0.212 0

注：括号内为标准误，＊代表 $p<0.1$，＊＊代表 $p<0.05$，＊＊＊代表 $p<0.01$。回归中均控制了与表4.2第（4）列相同的控制变量，以及年份固定效应与城市固定效应。受篇幅所限，控制变量与时间项的回归结果未予列出。

在表4.3中，第（1）列和第（5）列为提前和滞后5期的回归结果，第（2）（3）（4）列和第（6）（7）（8）列分别为提前和滞后4期、3期和2期的回归结果。从表中的回归结果可以发现，在高铁开通之前，城市未来高铁开通并未提前显著影响城市服务业就业密度和服务业产值占比，而从高铁开通当期及以后，城市高铁开通对城市服务业就业密度在一定时期内均产生了显著的影响。这表明，本书以《中长期铁路网规划》（2016）为基础选定的城市样本在高铁开通之前，服务业就业密度和服务业产值占比具有较好的平行趋势，有效规避了高铁开通与城市服务业集聚可能存在的内生性问题。从表 4.3 第（1）列和图 4.2 中还可以发现，随着高铁开通滞后期数的增加，高铁开通对城市服务业集聚影响的大小整体上呈现先增加后减小的倒 "U" 形趋势：在当期虽然对城市服务业密度产生了正向显著的影响，但系数大小仅为 0.031 1，且仅在 5% 的显著性水平下显著；而在滞后 1 期和滞后 2 期，影响效应显著增大，显著性逐渐增强，尤其在滞后 2 期和滞后 3 期，高铁开通的影响效应达到了最大且在 1% 的显著性水平下显著，而滞后 4 期和滞后 5 期的影响效应均出现了一定程度的下降。上述高铁开通对城市服务业就业密度的动态影响与直觉相一致：很多城市高铁站通常设置在城市边缘或者另辟新城，但与这些高铁站或高铁新城配套的交通等基础设施需要一定时间才能完善，因此高铁的经济效应也要经历一段时期才能发挥至最大；此后，随着服务业就业密度在高铁开通城市得以提高，高铁开通的影响效应又会变小。

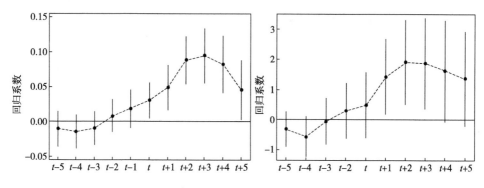

图 4.2　高铁开通对服务业集聚的动态影响

注：左图被解释变量为服务业就业密度（*seagg*），右图被解释变量为服务业产值占比（*sepct*）；*t* 左边表示提前期，*t* 右边表示滞后期；垂线的长度范围表示回归系数的 95% 的置信区间。

与服务业就业密度类似，高铁开通对服务业产值占比的影响也呈现出相同的倒 "U" 形趋势，但与就业密度相区别的是，服务业产值占比在高铁开通当年并未呈现出显著的增长趋势，而是自开通第二年起逐渐增加，在开通后的第三年达到峰值，随后逐年回落。这一差别的可能原因是，高铁主要以客运为主，因此服务业就业密度受到高铁开通的影响较为直接，而高铁开通影响服务业产值占比的渠道则相对比较复杂。例如，通过服务业就业密度的提升带动服务业产值占比上升，因而服务业产值占比的提升相较于就业密度的提升在时间上呈现出一定的滞后性，增长趋势的持续时间也相对较短。

（二）稳健性检验

1. 基于倾向得分匹配法

为了检验上文基准回归结果的稳健性，本部分将对照组城市范围扩大到截至 2015 年仍未开通高铁的所有城市，利用倾向得分匹配法来重新筛选处理组和控制组城市样本。具体做法是：首先，以城市经济发展水平特征变量和城市基础设施水平特征变量作为处理组和控制组城市的匹配变量；其次，利用高铁开通前一年的匹配变量数据估计并计算城市开通高铁的概率（倾向得分）；再次，比较处理组和控制组城市高铁开通的概率，将概率最接近的处理组和控制组进行匹配，挑选新的控制组城市样本；最后，利用马氏距离匹配法和近邻卡尺匹配法所得的处理组和控制组城市数据，重新对基准实证模型进行估计，所得回归结果如表 4.4 所示。

表 4.4　稳健性检验 1：基于倾向得分匹配法的回归结果

被解释变量	*seagg*		*sepct*	
	（1）	（2）	（3）	（4）
hrs	0.054 0 ***	0.041 1 ***	0.513 4	0.860 2 *
	（0.014 0）	（0.013 4）	（0.454 1）	（0.473 4）
常数项	2.235 2 ***	1.461 9 ***	82.233 7 ***	84.176 2 ***
	（0.459 2）	（0.431 5）	（13.722 3）	（14.702 8）
控制变量	Yes	Yes	Yes	Yes
R^2	0.528 8	0.527 7	0.201 1	0.223 1
N	2 433	2 305	2 304	2 432

注：括号内为标准误，* 代表 $p<0.1$，** 代表 $p<0.05$，*** 代表 $p<0.01$。回归中均控制了年份固定效应与城市固定效应。受篇幅所限，时间项的回归结果未予列出。

在表 4.4 中，第（1）列和第（3）列为基于马氏距离匹配的回归结果；第（2）列和第（4）列为基于近邻卡尺匹配的回归结果。从表中可以发现，无论利用马氏距离匹配还是利用近邻卡尺匹配所得城市样本进行回归，高铁开通均在1%的显著性水平下对城市服务业就业密度产生了显著正向影响。而对服务业产值占比来说，高铁开通对所在城市的服务业产值占比同样具有正向影响，但这一影响的显著程度较服务业就业密度的影响有所降低，这一结论与表4.3和图4.2的实证结论相一致，说明了前文回归结果具有稳健性。

2. 剔除特殊城市样本

前文研究将处理组和控制组的城市样本限定于《中长期铁路网规划》（2016）中已开通或已规划但未开通的城市，其中包括省会城市。考虑到省会城市在区域范围内具有更高的战略地位，在一个地区的高铁规划和建设中可能是首要考虑的对象，将其排除可以进一步规避回归结果可能存在的内生性问题。另外，考虑到《中长期铁路网规划》（2016）提出的"八纵八横"高铁规划城市遍及全国，服务业就业密度水平差异较大，而《中长期铁路网规划》（2008年调整）的高铁规划城市主要集中于东部和中部地区，整体差异相对较小。这样，如果采用后者进行研究可能会进一步改善研究样本的平行性趋势，从而得到更为准确的回归结果。相应的稳健性回归结果如表4.5所示。

表4.5　稳健性检验2：剔除特殊城市样本的回归结果

被解释变量	排除省会城市		排除2016年新规划城市	
	seagg	sepct	seagg	sepct
	（1）	（2）	（3）	（4）
hrs	0.045 6 ***	1.123 8 **	0.051 7 ***	1.427 5 ***
	(0.014 8)	(0.528 7)	(0.019 8)	(0.452 2)
常数项	2.079 2 ***	67.317 5 ***	3.691 4 ***	115.916 4 ***
	(0.394 0)	(15.230 6)	(0.526 5)	(15.202 1)
控制变量	Yes	Yes	Yes	Yes
R^2	0.512 9	0.191 9	0.552 8	0.319 5
N	2 481	2 481	1 574	1 573

注：括号内为标准误，＊代表$p<0.1$，＊＊代表$p<0.05$，＊＊＊代表$p<0.01$。回归中均控制了年份固定效应与城市固定效应。受篇幅所限，时间项的回归结果未予列出。

在表 4.5 中，第（1）列和第（2）列为排除省会城市样本的回归结果，第（3）列和第（4）列汇报了排除《中长期铁路网规划》（2016）新增规划城市样本的回归结果。从表 4.5 中第（1）列和第（3）列可以发现，无论排除了省会城市样本，还是排除了《中长期铁路网规划》（2016）新增规划城市样本，高铁开通对城市服务业就业集聚均具有正向影响，亦在 1% 的显著性水平下显著。而从表 4.5 中的第（2）列和第（4）列可以发现，在排除省会城市样本和排除 2016 年新规划城市样本后，高铁开通对开通城市的服务业产值占比同样具有显著的促进作用。这也再一次证明了前文基准回归结果的稳健性。

（三）进一步研究

1. 不同经济地理区位城市的回归结果

考虑到中国不同经济地理区位城市的服务业发展水平差异较大，高铁开通可能对不同经济地理区位城市服务业就业集聚产生不同的影响。为了获得更为翔实的回归结果，本书将城市样本划分为东部地区城市、中部地区城市和西部地区城市，并对不同地区城市样本分别进行回归，回归结果如表 4.6 所示。

表 4.6　不同经济地理区位城市的回归结果

被解释变量	seagg			sepct		
	东部地区	中部地区	西部地区	东部地区	中部地区	西部地区
	(1)	(2)	(3)	(4)	(5)	(6)
hrs	0.062 3 ***	0.041 9 *	0.067 5 **	1.173 2 *	0.066 2	0.889 4
	(0.017 2)	(0.022 4)	(0.032 9)	(0.651 6)	(0.528 2)	(1.315 2)
常数项	3.885 8 ***	1.047 5	1.680 4 ***	49.490 6 *	79.762 5 ***	44.049 0 *
	(0.546 8)	(0.785 5)	(0.478 6)	(28.373 2)	(19.656 3)	(25.607 8)
控制变量	Yes	Yes	Yes	Yes	Yes	Yes
R^2	0.712 9	0.364 9	0.824 9	0.428 8	0.269 6	0.305 2
N	1 083	1 352	390	1 082	1 352	390

注：括号内为标准误，* 代表 $p<0.1$，** 代表 $p<0.05$，*** 代表 $p<0.01$。回归中均控制了年份固定效应与城市固定效应。受篇幅所限，时间项的回归结果未予列出。

由表 4.6 可以发现：高铁开通在不同的经济地理区域内均对城市服务业就业密度提升产生了显著的促进作用。从显著性水平来看，东部地区的显著性水平最高，西部地区次之，而中部地区最低。从系数的大小来看，在东部地区和西部地区，高铁开通对城市服务业就业密度产生了大小相当的影响效应，而中部地区的效应最小。可能原因是，东部地区相比其他地区具有经济和地理优势，高铁开通除了可能促进其所在地区未开通高铁城市服务业就业人员向开通高铁城市转移外，还可能因为地区之间可达性条件改善，吸引其他地区服务业就业人员向该地区转移。中部地区地理上靠近东部地区，其服务业就业受东部地区城市跨区"吸引"的影响较大，尽管中部地区高铁开通对城市服务业就业密度的影响效应亦显著为正，但显著性水平以及效应大小均有所削弱。相反，西部地区因距离东部地区较远，"保留"了相对较大的影响效应。

相较于服务业就业密度，高铁开通仅对东部地区的服务业产值占比具有显著的促进作用，高铁开通对中部地区和西部地区服务业产值占比的影响系数为正，但并不显著。产生这一结果的可能原因是，高铁开通以后，服务业就业人员首先被吸引至高铁开通地区，进而带动开通地区服务业产值占比上升，由于高铁开通对服务业产值占比的促进作用具有一定的时滞性，高铁开通带来的服务业产值集聚效应并不如就业集聚效应明显。

2. 不同等级城市的回归结果

考虑到不同等级城市的服务业发展水平本身存在着较大差别，同一类别高铁开通对服务业就业集聚的影响也可能存在着较大差别。本部分将按照 2013 年《第一财经周刊》发布的综合商业指数排名将城市划分为大城市、中等城市和小城市三类①，以此分别考察不同等级城市高铁开通对城市服务业集聚的影响。表 4.7 给出了不同等级城市高铁开通的回归结果。

---

① 2013 年，《第一财经周刊》发起了新一轮中国城市等级排名。此次排名共涉及全国 400 个城市，以一线品牌进入密度、一线品牌进入数量、GDP、人均收入、211 高校、《财富》全球 500 强进入数量、大公司重点战略城市排名、机场吞吐量、使领馆数量、国际航线数量等作为主要指标形成一个综合商业指数进行排名。综合商业指数越低，则等级排名越高。

表 4.7　不同等级城市的回归结果

被解释变量	seagg			sepct		
	大城市	中等城市	小城市	大城市	中等城市	小城市
	(1)	(2)	(3)	(4)	(5)	(6)
hrs	0.061 0***	0.042 4**	−0.010 5	−0.296 1	1.140 8#	−0.430 0
	(0.022 1)	(0.017 8)	(0.024 4)	(0.707 6)	(0.766 6)	(0.719 0)
常数项	3.653 6***	1.302 3***	0.601 2	49.490 6*	79.762 5***	44.049 0*
	(0.767 9)	(0.473 7)	(0.613 5)	(28.373 2)	(19.656 3)	(25.607 8)
控制变量	Yes	Yes	Yes	Yes	Yes	Yes
R^2	0.769 3	0.645 9	0.311 1	0.428 8	0.269 6	0.305 2
N	629	1 334	862	1 082	1 352	390

注：括号内为标准误，#代表 $p<0.15$，*代表 $p<0.1$，**代表 $p<0.05$，***代表 $p<0.01$。回归中均控制了与表 4.2 第（4）列相同的控制变量，以及年份固定效应与城市固定效应。受篇幅所限，控制变量与时间项的回归结果未予列出。

由表 4.7 的第（1）列至第（3）列可以发现：无论从显著性水平还是系数大小来看，高铁开通对城市服务业就业密度的影响均呈现随着城市等级下降逐渐减小的趋势。具体而言，在大城市，高铁开通对城市服务业就业密度促进作用在 1% 的显著性水平下显著，且系数大小为 0.061 0；在中等城市，相应效应的显著性水平降为 5%，且系数仅为 0.042 4；在小城市，高铁开通对城市服务业就业密度的影响效应变为负值，但不显著。这表明，高铁开通有效地促进了大中城市服务业就业密度水平提升，但并未使小城市服务业就业密度水平提升，反而产生了被"虹吸"的倾向。高铁开通未能显著影响小城市服务业就业密度，一方面可能由于高铁在小城市设置停靠站点较少，限制了高铁开通人流量增加以及服务业就业密度影响作用的发挥；另一方面，可能由于小城市高铁开通为该城市从业人员向大中城市就业转移提供了便利，从而削弱了高铁开通对小城市服务业就业的影响。

从表 4.7 中的第（4）列至第（6）列可以发现，高铁开通主要对中等城市的服务业产值占比产生正向影响，但这一影响仅在 15% 的水平下显著。整体而言，高铁开通并未对不同等级城市的服务业产值占比产生显著的影响。这一结果的产生可能有两方面的原因：一方面，大城市的服务业产值较高，提升的难度较大，而中等城市的服务业产值占比多为 40% 左右，存在较大提升空间，因此更容易受到高铁开通所带来的正向影响。另一方面，服务业产值占比的影响因素较为复杂，在对各城市做等级划分之后同等级城市样本数量较少，难以观测到显著的回归结果。

3. 不同服务业部门的回归结果

不同类别的服务业，因生产方式不同，所依赖劳动力、资金、技术水平不同，高铁开通对其影响也可能存在差异。本部分参照国民经济行业分类将服务业划分为公共事业部门、劳动密集部门、技术密集部门和资本密集部门等四个部门[①]，分别考察高铁开通对这些服务业部门就业集聚的影响[②]。表 4.8 给出了高铁开通对不同服务业部门就业集聚影响的回归结果。

表 4.8　不同服务业部门的回归结果

被解释变量	seagg			
	公共事业部门	劳动密集部门	技术密集部门	资本密集部门
	（1）	（2）	（3）	（4）
hrs	0.011 9	0.137 1***	0.025 9	−0.087 2*
	(0.013 3)	(0.031 1)	(0.028 6)	(0.047 4)
常数项	−0.291 2	0.670 4	−0.699 6	−2.332 0
	(0.374 6)	(0.853 9)	(0.592 1)	(1.690 4)
控制变量	Yes	Yes	Yes	Yes
R^2	0.692 6	0.252 7	0.493 8	0.282 2
N	2 788	2 817	2 823	2 386

注：括号内为标准误，* 代表 $p<0.1$，** 代表 $p<0.05$，*** 代表 $p<0.01$。回归中均控制了年份固定效应与城市固定效应。受篇幅所限，时间项的回归结果未予列出。

---

① 具体地，将国民经济行业大类中的水利、环境和公共设施管理业，卫生、社会保险和社会福利业，居民服务和其他服务业单独划分成公共事业部门。此外，按照要素密集程度，将国民经济行业大类中的其他服务业行业划分成三个部门，例如将"批发和零售业"、"住宿和餐饮业"以及"文化、体育和娱乐业"划为劳动密集部门，将"金融业"、"房地产业"以及"交通运输、仓储业和邮政业"划分为资本密集部门，将"信息传输、计算机服务和软件业"以及"科学研究、技术服务和地质勘查业"划分为技术密集部门。

② 因无法获得地级市层面具体行业的产值，这里仅以服务业就业密度衡量服务业的集聚程度。

从表4.8中可以发现，对于劳动密集部门，高铁开通显著地促进了城市服务业就业密度的提升；而在资本密集部门，高铁开通却显著降低了城市服务业就业密度；对于公共事业部门和技术密集部门，高铁开通对城市服务业就业集聚的影响均不显著。上述回归结果表明，高铁开通的服务业就业集聚效应主要发生在劳动密集部门，而在资本密集部门则发生了"扩散"效应。这一背离是由不同服务业部门的生产要素和生产方式决定的：对于劳动密集部门，其服务提供主要依赖劳动力，因为交通成本（费用和时间成本）是影响劳动力成本的重要因素，为了降低成本，劳动密集部门通常集聚在交通便利的高铁开通城市；而对于资本密集部门，其产品主要依赖资本提供，在交通便利的城市，通常因为租金等因素导致经营成本较大，在不改变或较少改变服务便利性的情况下，劳动密集部门为了降低成本，可能向高铁开通城市外围转移。

五、机制：同城转变还是跨城迁移

劳动力人口无法凭空派生，因而特定区域内服务业就业密度的提升往往意味着服务业从业人员由区域外部空间向区域内部空间转移，或区域内部其他行业的就业人员向服务业转移。基于前文的分析可知，服务业产值占比的变化往往滞后于服务业就业密度的变化，可能的原因是，服务业就业密度的提升带动了服务业产值占比的提升。然而，高铁开通城市服务业就业人员的增加是由本市其他产业就业人员转变而来的，还是从未开通高铁城市迁移而来的，目前并不清晰。为了回答这一问题，本部分首先考察高铁开通对本城市其他产业就业密度的影响，以此判断本地其他产业与服务业之间的就业转变情况；其次考察高铁开通对周边不同地理范围内未开通高铁城市服务业就业的影响，以此进一步明确高铁开通对服务业就业跨城迁移的影响情况。

表4.9列示了利用双重差分法（DID）考察高铁开通对农业就业密度和工业就业密度的影响。其中，第（1）列和第（2）列为高铁开通对农业就业密度（$agagg$）的影响结果，第（3）列和第（4）列为高铁开通对工业就业密度（$inagg$）的影响结果。从表中可以发现：首先，高铁开通对农业就业密度的影响并不显著。这表明，高铁开通并未对农业就业产生显

著的影响，由此可以判断高铁开通并未使本地农业从业人员向服务业发生显著转变。其次，高铁开通对城市工业就业密度提升产生了显著的促进作用。这表明，工业属于就业人员流入的产业，因此受到了高铁开通的显著影响。结合前文基准研究结果推测，高铁开通对城市服务业就业密度提升的促进作用，可能主要源于其他地区就业人员的迁移，而非市内其他产业就业人员的转变。

表 4.9　机制检验 1：高铁开通对农业就业密度和工业就业密度的影响

被解释变量	$agagg$		$inagg$	
	（1）	（2）	（3）	（4）
hrs	−0.082 0	−0.068 4	0.085 2***	0.078 7***
	(0.059 7)	(0.065 3)	(0.023 6)	(0.025 7)
常数项	−0.517 5***	0.623 9	2.274 9***	1.681 9***
	(0.032 2)	(1.415 0)	(0.016 6)	(0.623 7)
控制变量	No	Yes	No	Yes
R^2	0.412 3	0.403 4	0.418 9	0.468 3
N	3 455	2 822	3 463	2 825

注：括号内为标准误，* 代表 $p<0.1$，** 代表 $p<0.05$，*** 代表 $p<0.01$。回归中均控制了年份固定效应与城市固定效应。受篇幅所限，时间项的回归结果未予列出。

　　表 4.10 给出了高铁开通对开通城市周边非高铁开通城市服务业、农业和工业就业密度影响的回归结果①。其中，第（1）列和第（2）列为对周边非高铁开通城市服务业就业密度（$seagg$）影响的回归结果；第（3）列和第（4）列为对周边非高铁开通城市农业就业密度（$agagg$）影响的回归结果；第（5）列和第（6）列为对周边非高铁开通城市工业就业密度（$inagg$）影响的回归结果。从表 4.10 中可以发现，高铁开通对距离高铁开

---

　　① 具体回归策略是：将周边城市按照其与高铁开通城市的距离划分为多个距离范围，并将每一距离范围内的城市设定为 1，其余规划内但未开通高铁的城市设定为 0，利用双重差分估计法（DID）进行回归。

通城市 100~150 公里范围内的非高铁开通城市服务业就业密度的影响显著为负①,而其他细分距离范围内的影响均不显著。基于同样的距离范围划分,考察对周边非高铁开通城市农业就业密度的影响发现,高铁开通也仅显著促进了距离开通城市 100~150 公里范围内非高铁开通城市农业就业密度的提升,而对其他距离范围内非高铁开通城市农业就业密度的影响并不显著;考察对周边非高铁开通城市工业就业密度的影响发现,高铁开通对不同距离范围内周边非高铁开通城市工业就业密度的影响均不显著。结合上文结论可知,高铁开通可能对距离开通城市 100~150 公里范围内非高铁开通城市的服务业和农业从业人员产生了"虹吸"效应,从而提升了高铁开通城市的服务业就业密度。

表 4.10 机制检验 2:高铁开通对周边非高铁开通城市就业密度的影响

被解释变量	seagg		agagg		inagg	
	(1)	(2)	(3)	(4)	(5)	(6)
near (0~50公里)	-0.013 7 (0.032 9)	-0.012 6 (0.030 3)	-0.066 3 (0.155 3)	-0.126 4 (0.138 0)	-0.024 1 (0.063 6)	-0.024 8 (0.066 2)
N	2 809	2 364	2 806	2 363	2 809	2 364
near (0~100公里)	0.021 1 (0.015 7)	0.017 2 (0.017 5)	-0.095 6 (0.064 4)	-0.067 9 (0.072 9)	0.058 5* (0.030 6)	0.032 1 (0.033 5)
N	2 809	2 364	2 806	2 363	2 809	2 364
near (0~150公里)	-0.015 4 (0.013 7)	-0.023 9* (0.014 2)	-0.147 8*** (0.048 4)	-0.121 2** (0.052 9)	0.043 2* (0.025 3)	0.017 6 (0.026 1)
N	2 809	2 364	2 806	2 363	2 809	2 364
near (0~200公里)	-0.017 2 (0.014 3)	-0.025 4 (0.015 4)	-0.157 8*** (0.044 2)	-0.122 4** (0.049 8)	0.051 1* (0.026 7)	0.007 8 (0.026 5)

---

① 从表 4.10 中还可以发现,高铁开通对 0~150 公里距离范围内非高铁开通城市的服务业就业密度影响也显著为负,但这一距离范围包含了 100~150 公里的距离范围,且高铁开通对 0~100 公里距离范围内的非高铁开通城市服务业就业的影响不显著。由此认为,高铁开通在 0~150 公里距离范围内产生的显著影响仅是由 100~150 公里距离范围内的显著结果引起的。对于农业就业密度,采用了同样的判断方法。

续表

被解释 变量	seagg		agagg		inagg	
	（1）	（2）	（3）	（4）	（5）	（6）
N	2 809	2 364	2 806	2 363	2 809	2 364
near （0~250 公里）	−0.010 0	−0.017 3	−0.126 3***	−0.075 8*	0.043 2*	0.016 0
	（0.013 4）	（0.014 0）	（0.039 9）	（0.045 6）	（0.025 4）	（0.024 7）
N	2 809	2 364	2 806	2 363	2 809	2 364
near （0~300 公里）	−0.010 2	−0.016 8	−0.129 9***	−0.089 0*	0.044 2*	0.018 7
	（0.015 2）	（0.016 7）	（0.044 2）	（0.049 5）	（0.025 5）	（0.025 3）
N	2 809	2 364	2 806	2 363	2 809	2 364
near （50~100 公里）	0.030 2*	0.027 0	−0.098 3	−0.048 1	0.076 3**	0.046 9
	（0.016 6）	（0.018 2）	（0.065 7）	（0.078 6）	（0.032 4）	（0.035 3）
N	2 725	2 295	2 722	2 294	2 725	2 295
near （100~150 公里）	−0.045 4**	−0.054 2**	−0.162 6**	−0.146 6*	0.022 1	0.002 8
	（0.022 2）	（0.025 4）	（0.073 3）	（0.086 9）	（0.034 5）	（0.036 6）
N	2 490	2 118	2 488	2 117	2 490	2 118
near （150~200 公里）	−0.026 7	−0.032 3	−0.162 3**	−0.121 7	0.057 7	0.001 1
	（0.018 9）	（0.020 1）	（0.067 0）	（0.079 8）	（0.038 2）	（0.037 7）
N	2 242	1 916	2 240	1 915	2 242	1 916
near （200~250 公里）	−0.004 0	0.001 0	−0.055 0	0.025 3	0.033 7	0.043 9
	（0.022 6）	（0.023 1）	（0.061 5）	（0.066 4）	（0.045 4）	（0.039 0）
N	1 999	1 721	1 997	1 720	1 999	1 721
near （250~300 公里）	−0.012 6	−0.006 4	−0.100 5	−0.091 8	0.061 9	0.058 1
	（0.031 8）	（0.031 6）	（0.098 3）	（0.099 7）	（0.050 1）	（0.046 4）
N	1 838	1 580	1 836	1 579	1 838	1 580

注：括号内为标准误，＊代表 $p<0.1$，＊＊代表 $p<0.05$，＊＊＊代表 $p<0.01$。回归中均控制了年份固定效应与城市固定效应。受篇幅所限，时间项的回归结果未予列出。

六、本章小结

本章使用《中长期铁路网规划》（2016）中规划建设高铁的 266 个城

市 2003—2015 年的面板数据，将高铁开通视为一项准自然实验，使用双重差分法（DID）系统考察了高铁开通对城市服务业集聚的影响。所得结论主要包括：

第一，在总体上，高铁开通显著促进了城市服务业就业密度的提升，以及服务业产值占比的提高，且此效应随时间推移呈现先增加后减小的倒"U"形变化趋势。

第二，对于不同经济地理区位城市，高铁开通在不同的经济地理区域内均对城市服务业就业密度提升产生了显著的促进作用，但东部地区和西部地区的影响效应显著高于中部地区，而高铁开通仅对东部地区城市的服务业产值占比产生较为显著的影响；对于不同等级城市，无论从显著性水平还是系数大小来看，高铁开通对城市服务业就业密度的影响均呈现随着城市等级下降逐渐减小的趋势，高铁开通对于服务业就业产值占比的影响不明显，仅对中等城市的服务业产值占比产生微弱的正向影响；对于不同服务业部门，高铁开通显著促进了劳动密集部门服务业就业密度的提升，却显著降低了资本密集部门的服务业就业密度，对公共事业部门和技术密集部门的影响均不显著。

第三，通过对高铁开通城市服务业就业密度提升的机制考察发现，高铁开通并未显著促进高铁开通城市内部其他产业从业人员向服务业转变，而是更可能吸引距离开通城市 100~150 公里范围内非高铁开通城市服务业和农业从业人员向高铁开通城市迁移就业。

基于上述结论，本书给出以下政策建议：首先，要切实推进以高铁为代表的重要交通基础设施的建设和发展，以充分发挥基础设施建设投资对城市服务业发展以及产业结构优化升级的推动作用。其次，政府部门应切实推进西部地区城市的高铁线路规划和建设，这将对西部地区城市服务业发展产生显著的推动作用。最后，对于城市高铁的开通，要特别注意其对资本密集型服务业就业的负向影响，防止在此部门中资本对劳动的过度替代。

第五章

铁路基础设施与服务业集聚：
速度和网络化视角

一、引言

高速铁路发展是否导致服务业空间布局变化？是引起了服务业的集聚还是扩散？从高铁的速度等级和是否联入高铁网络角度探索异质性高铁线路的服务业集聚效应，目前在学术界尚无相关文献，本章的研究试图填补这一领域的空白。

将城市高铁线路开通事件作为一项准自然实验，本章利用双重差分法（DID）考察该事件对城市服务业集聚的影响；同时，考虑到中国高铁线路开通存在着运营速度的差别以及是否与其他主要高铁线路连接组成高铁网络的差别，本章着重从这两个异质性方面对可能产生的影响效应进行厘定，以期对上述问题作出系统、科学的回答。

本章余下内容安排如下：第二部分为理论机理分析；第三部分介绍实证估计的策略、模型、变量的构成及数据来源；第四部分给出实证结果并加以分析；第五部分为本章小结。

二、理论机理分析

基于线路技术、地理、经济等条件的考虑，中国高铁的运营速度主要存在着 300 公里/小时、250 公里/小时和 200 公里/小时等多种类别。高铁运营速度的快慢体现了其压缩时空距离能力的大小。单从时间距离而言，如果将一城市开通的高铁线路运营速度设定为 300 公里/小时，可以分别将高铁沿线且距离这一城市 1 200 公里和 300 公里的地区纳入该城市的 4 小时和 1 小时服务经济圈；而如果运营速度仅设定为 200 公里/小时，那么仅能将沿线 800 公里范围和 200 公里范围纳入相应的服务经济圈。较高运营速度的高铁线路产生了较大的服务业市场扩张效应，进而引起较强的服务业就业集聚效应。此外，高铁运营速度的加快可以提升服务业生产要素的流动速度，因此可以极大地促进城市服务业发展和就业集聚。基于此，本书提出了理论假说 5.1：

假说 5.1：城市高铁线路开通的服务业集聚效应因高铁运营速度不同而不同，高运营速度的集聚效应大，而低运营速度的集聚效应小。

如前所述，高铁线路开通可以通过改善可达性来提高服务业集聚水平。然而，高铁可达性很大程度上受制于高铁线路网络化程度（王姣娥等，2014）。当单一高铁线路开通而未形成或未联入高铁网络时，可达性受益范围仅局限于此条高铁线路串联的城市，即使考虑高铁线路所产生的"廊道效应"（董艳梅、朱英明，2016），其辐射的地理范围也是有限的；而在高铁线路联入高铁网络后，可达性受益范围可以通过节点由"带状"区域向"面状"区域扩散，且城市可达性水平会随着高铁网络节点数量增多而提高。由假说 5.1 分析可知，城市联入高铁网络所带来的可达性水平提高，可以有效地促进城市服务业集聚水平的提高。早在 2004 年，中国铁道部就提出了"四纵四横"的高铁网络规划。十几年来，中国高铁规划网经过两次调整，已经从"秦沈铁路"这一单条线路逐渐构建成拥有超过30 个城市作为主要节点、覆盖全国近 300 个城市的"八纵八横"主骨干高铁网络。在这一过程中，是否联入高铁网络决定着高铁线路开通对城市服务业集聚的影响大小。基于此，本书提出了理论假说 5.2：

假说 5.2：城市高铁线路开通的服务业集聚效应因高铁线路网络化程度不同而不同，联结高铁网络的集聚效应大，而未联入高铁网络的集聚效应小。

三、实证策略、模型与变量

（一）估计策略

本章主要考察异质性高铁线路开通对通车城市服务业集聚的影响效应。考虑到本书用到的"高铁线路开通"的数据特征，实证过程中主要使用双重差分法（DID）。使用这一方法的好处在于，可以同时兼顾城市服务业就业在高铁线路开通前后以及高铁线路是否开通城市之间的差异，从而得到高铁线路开通对城市服务业就业集聚的净效应。

双重差分法（DID）有效估计的前提是，处理组城市和控制组城市的差别仅存在于是否开通高铁线路方面，而不存在于其他方面。但实际上，高铁线路往往在经济发达或人口聚集地区率先开通，高铁线路开通城市与非高铁线路开通城市可能本身就存在着经济发展或人口集聚方面的差别（Lin，2017）。这意味着，高铁线路的选址很可能与城市就业集聚水平相关，从而使回归存在内生性问题，导致回归结果出现偏误。为了解决这一问题，本书实证回归中所用到的控制组城市样本被限定在《中长期铁路网规划》（2016）列入规划但仍未开通高铁线路的城市。在《中长期铁路网规划》（2016）中，涉及已开通和规划开通的城市共 266 个，尽管这些城市高铁线路开通的时间有先有后，但仍可以在很大程度上保证它们作为处理组城市或控制组城市是按照统一标准筛选出来的，这就在一定程度上避免或解决了实证估计中可能存在的内生性问题，从而得到高铁线路开通对城市服务业集聚的净效应。

本章的研究内容主要集中于异质性研究方面。具体来说，首先以城市高铁线路开通作为核心解释变量，利用全样本，总体考察高铁线路开通对城市服务业集聚的影响；在获得一个总体结果后，接着从高铁线路不同速度等级和是否联入高铁网络两个方面分别考察异质性高铁线路开通对城市服务业集聚的效应差异。

（二）模型设定

本章将已开通高铁线路的城市按照高铁运营速度划分为中低速和高速两种类别，分别以开通这两种类别高铁线路的城市作为处理组，以规划内但未开通高铁线路的城市作为控制组，考察不同速度类别高铁线路开通对城市服务业集聚的影响；同理，将已开通高铁线路的城市按照是否联入高铁网络为标准划分为"联入高铁网络"和"未联入高铁网络"两种类别，分别考察不同类别高铁线路开通对城市服务业集聚的影响效应。两组用于异质性检验的实证模型设定如下：

$$Y_{it} = \beta_0 + \beta_1 \cdot ss200_{it} + \gamma \cdot X_{it} + \lambda_t + \alpha_i + \varepsilon_{it} \qquad (5.1)$$

$$Y_{it} = \beta_0 + \beta_1 \cdot ss300_{it} + \gamma \cdot X_{it} + \lambda_t + \alpha_i + \varepsilon_{it} \qquad (5.2)$$

$$Y_{it} = \beta_0 + \beta_1 \cdot dcs_{it} + \gamma \cdot X_{it} + \lambda_t + \alpha_i + \varepsilon_{it} \qquad (5.3)$$

$$Y_{it} = \beta_0 + \beta_1 \cdot ndcs_{it} + \gamma \cdot X_{it} + \lambda_t + \alpha_i + \varepsilon_{it} \qquad (5.4)$$

式中：Y_{it} 为服务业就业密集和服务业产值占比；X_{it} 为地级市特征变量，包括衡量城市经济发展水平和城市基础设施水平的两类指标；β_0 为常数项；β_1 为核心解释变量的系数；λ_t 表示时间固定效应；α_i 为城市固定效应；ε_{it} 为随机误差项；$ss200_{it}$ 和 $ss300_{it}$ 分别表示城市开通了速度为中低速和高速的高铁线路；dcs_{it} 和 $ndcs_{it}$ 分别表示城市开通了联入高铁网络和未联入高铁网络的高铁线路。

将《中长期铁路网规划》（2016）中未列入规划的城市排除后，本书使用 2003—2015 年 266 个城市（地级市）的面板数据。其中，截至 2015 年年底已开通高铁线路的城市 163 个，列入规划但尚未开通高铁线路的城市 103 个。

（三）变量与数据来源

1. 被解释变量

（1）服务业就业密度（seagg）

本书中，服务业就业集聚具体用服务业就业密度（seagg）衡量，即单位行政区域面积上的服务业就业人数。在已有研究中，用于衡量产业集聚的方法很多，如区位熵、空间基尼（Gini）系数、赫芬达尔指数、EG 指数等（苑德宇等，2018）。然而，本书主要强调的是服务业作为一个总体在某一城市地理区域内的集中程度，而不着重考虑某一城市不同产业之间的相对集聚情况，服务业就业密度指标可以很好地满足这一要求。为了保证数据平滑，本书还对服务业就业密度指标做了取自然对数处理。

（2）服务业产值占比（sepct）

服务业产值占比指的是各地级市当年服务业产值占地级市国内生产总值的比重，用于反映地级市产业结构升级的程度。

2. 解释变量：高铁线路开通

在异质性回归模型中，中低速高铁线路（ss200）表示运行速度超过 200 公里/小时但低于 250 公里/小时（含）的高铁线路，而高速高铁线路（ss300）表示运行速度超过 300 公里/小时的高铁线路。如果一个城市开通了中低速高铁线路或高速高铁线路，就将这个城市列为处理组，其相应高铁线路开通指标 ss200 或 ss300 设定为 1；而列入规划但尚未开通高铁线路城市作为控制组，相应的 ss200 或 ss300 设定为 0。需要指出的是，为了能够准确区分不同速度类别高铁线路的经济效应，本部分仅将具有单一速度类别的高铁线路开通城市作为考察对象，即如果同一个城市既开通了中低速高铁线路，又开通了高速高铁线路，则该高铁线路开通城市从具有两类高铁线路的当年起被设定为缺失值。对于衡量高铁线路网络化的两个指标，开通联入高铁网络的高铁线路（dcs）和开通未联入高铁网络的高铁线路（ndcs）分别表示开通的高铁线路是否直接或间接与一线城市相连①。相应地，如果一个城市开通了上述两类线路中的一类，就将这一城市作为处理组，其高铁线路的开通指标 dcs 或 ndcs 设定为1；列入规划但尚未开通高铁线路的城市作为控制组，相应的 dcs 或 ndcs 设定为0。如果一个城市先开通了未联入高铁网络的高铁线路，而后因为其他高铁线路的开通使其与高铁网络相连，为了准确地获得开通未联入高铁网络的高铁线路（ndcs）的经济效应，本部分将该城市的 dcs 变量从其高铁线路联入高铁网络的当年起设定为缺失值。

考虑到近年存在很多重要高铁线路首开的时间集中在年底和年中的情况，为了更好地体现高铁线路开通与其经济影响的对应关系，本书在设定高铁线路开通指标时，做了滞后半年（6个月）处理，即将上年度7月1日至本年度6月30日开通的高铁线路归为本年度开通的高铁线路，以此对应本年度的服务业就业集聚指标和其他回归变量指标。

3. 控制变量

（1）描述城市经济发展水平的控制变量

具体包括：人均 GDP（gdpcapita）、人口增长率（popgrate）、财政自给率（fissrate）、固定资产投资增长率（invgrate）和人均外商直接投资额（fdicapita）。其中，人均 GDP（gdpcapita）用真实国内生产总值除以当年总人口均值表示，用于控制各地级市的经济发展特征；人口增长率（popgrate）用当年的人口均值减去上年均值，再除以上年人口均值表示，用于衡量样本区间内各个地级市的人口增长率；财政自给率（fissrate）用地方财政一般预算内收入与地方财政一般预算内支出的比值表示，用来衡量城市的财政状况；人均外商直接投资额（fdicapita）用真实的外商直接投资额除以当年平均总人口表示，用于衡量一个城市吸引外资的状况；固定资产投资增长率（invgrate）用城市当年固定资产投资增长额占上年固定资产投资额的比重表示，用于控制城市固定资产投资增长状况。

---

① 在此，一线城市是指中国一线城市和准一线城市，具体包括北京、上海、广州、深圳和天津。

（2） 与城市基础设施水平相关的控制变量

具体包括：公路客运比（*highwayrider*）、专任教师数（*teachers*）、医院床位数（*hospitalbeds*）、城市轨道交通开通（*subway*）和民航机场开通（*civilair*）。其中，公路客运比（*highwayrider*）用公路客运量占全年客运总量的比重表示，用于控制城市公路基础设施变化对高铁线路开通效应的替代影响；专任教师数（*teachers*）用城市中学专任教师数的自然对数表示，用来衡量城市的教育基础设施水平；医院床位数（*hospitalbeds*）用城市医院和卫生院床位数的自然对数表示，用以衡量城市卫生基础设施水平；城市轨道交通开通（*subway*）和民航机场开通（*civilair*）用哑变量表示，即如果一个城市开通了轨道交通或民航机场，则这两个指标设为1，否则为0，用于控制一个城市的交通基础设施状况。

需要说明的是，对于行政区划变化较大的城市，考虑到数据连贯性问题，对这些城市做剔除处理。各城市高铁线路开通信息主要来源于中国高铁网（www. gaotie. cn）和中国铁路客户服务中心网站（www. 12306. cn），规划信息来源于《中长期铁路网规划》（2016）。其余指标的原始数据均来源于《中国城市统计年鉴》和各地级市统计年鉴。主要变量的描述性统计如表5.1所示。

表5.1　主要变量的描述性统计

变量名称	经济含义	样本量	均值	标准误	最小值	最大值
a. 被解释变量						
seagg	服务业就业密度	3 463	2.693	1.003	−1.316	6.800
sepct	服务业产值占比	3 460	36.450	8.521	11.050	79.650
b. 解释变量						
ss200	中低速高铁线路开通	2 508	0.137	0.344	0	1
ss300	高速高铁线路开通	2 233	0.111	0.314	0	1
dcs	开通联入高铁网络的高铁线路	2 559	0.112	0.316	0	1
ndcs	开通未联入高铁网络的高铁线路	2 119	0.110	0.313	0	1
c. 控制变量						
gdpcapita	人均GDP	3 455	9.208	0.605	3.750	11.820

续表

变量名称	经济含义	样本量	均值	标准误	最小值	最大值
fdicapita	人均外商直接投资额	3 343	5.426	1.715	−1.891	9.875
fissrate	财政自给率	3 463	50.180	22.150	12.310	105.100
invgrate	固定资产投资增长率	3 453	27.540	23.500	−24.930	140.400
popgrate	人口增长率	3 440	0.754	1.095	−1.973	6.922
highwayrider	公路客运比	2 949	91.830	9.354	49.380	100
teachers	专任教师数	3 463	3.644	0.187	2.751	4.886
hospitalbeds	医院床位数	3 461	3.451	0.451	2.096	4.920
subway	城市轨道交通开通	3 463	0.041	0.199	0	1
civilair	民航机场开通	3 463	0.392	0.488	0	1

四、实证结果与分析

（一）基准回归

本部分基于不同速度等级和不同网络化程度划分的异质性考察高铁线路开通对城市服务业集聚的影响，检验前文的理论假说 5.1 和假说 5.2。

1. 基于不同速度等级异质性的回归结果

表 5.2 报告了中低速高铁线路开通（ss200）和高速高铁线路开通（ss300）对城市服务业集聚影响的回归结果。其中，第（1）列和第（2）列是服务业就业密度的回归结果，第（3）列和第（4）列是服务业产值占比的回归结果。对比第（1）列和第（2）列结果可以发现，在将城市人均 GDP 作为城市居民购买力的衡量指标纳入回归方程，同时控制了城市其他经济发展水平特征以及基础设施水平特征后，中低速高铁线路和高速高铁线路开通均显著促进了城市服务业就业集聚水平的提升，后者效应大于前者。相较于未开通高铁线路的城市，中低速高铁线路开通仅使城市服务业就业集聚水平显著提升了 6.35%，而高速高铁线路开通却使城市服务业就业集聚水平显著提升了 7.57%。这表明，在现实中，高铁速度越快，其产生的"时空压缩"效应越显著，从而在地理空间上促进服务业就业聚集的效果就越明显。如第（3）列和第（4）列结果所示，中低速高铁线路开通对城市服务业产值占比未产生显著影响，而高速高铁线路开通却使城

市服务业产值占比显著提升了约 2.07 个百分点，且这一结果在 1% 的水平下显著。这一结论验证了理论假说 5.1，同时也为未来中国高速铁路进一步提速提供了现实依据。

表 5.2　异质性回归 1：不同速度等级高铁线路开通的回归结果

被解释变量	seagg		sepct	
	（1）	（2）	（3）	（4）
ss200	0.063 5 ***		0.498 2	
	(0.018 4)		(0.628 4)	
ss300		0.075 7 ***		2.069 7 ***
		(0.020 9)		(0.648 0)
常数项	1.607 4 ***	1.877 5 ***	75.431 9 ***	78.295 5 ***
	(0.416 6)	(0.498 2)	(17.031 5)	(16.515 7)
N	1 999	1 852	1 998	1 852
R^2	0.591 1	0.475 1	0.180 4	0.228 6

注：回归中均控制了与表 4.2 中相同的控制变量、年份固定效应与城市固定效应，受篇幅限制，控制变量的回归结果被省略。括号内为标准误，* 代表 $p<0.1$，** 代表 $p<0.05$，*** 代表 $p<0.01$。

2. 基于是否联入高铁网络异质性的回归结果

本部分基于高铁线路开通后是否通过高铁网络与大城市联结表示高铁线路的网络化程度，考察不同网络化程度高铁线路开通对城市服务业集聚的影响。具体回归结果如表 5.3 所示，其中，第（1）列和第（2）列是服务业就业密度的回归结果，第（3）列和第（4）列是服务业产值占比的回归结果。

表 5.3　异质性回归 2：是否联入高铁网络的高铁线路开通的回归结果

被解释变量	seagg		sepct	
	（1）	（2）	（3）	（4）
dcs	0.082 3 ***		1.564 0 **	
	(0.020 3)		(0.636 1)	
ndcs		0.058 9 ***		0.784 4
		(0.019 0)		(0.626 6)

续表

被解释变量	seagg		sepct	
	（1）	（2）	（3）	（4）
常数项	1.970 9 ***	1.493 8 ***	83.433 2 ***	68.278 1 ***
	(0.437 0)	(0.455 9)	(15.117 9)	(19.345 7)
N	2 079	1 741	2 079	1 740
R^2	0.508 4	0.552 8	0.220 0	0.170 7

注：回归中均控制了与表 4.2 中相同的控制变量、年份固定效应与城市固定效应，受篇幅限制，控制变量的回归结果被省略。括号内为标准误，* 代表 $p<0.1$，** 代表 $p<0.05$，*** 代表 $p<0.01$。

由表 5.3 中各列回归结果可以发现，两类高铁线路开通均显著促进了城市服务业就业集聚水平的提升，而城市服务业产值占比仅受联入高铁网络的高铁线路开通影响。对比第（1）列和第（2）列的结果发现，联入高铁网络的高铁线路开通之后，城市服务业就业集聚水平提高了 8.23%，而未联入高铁网络的高铁线路开通仅使城市服务业就业集聚水平提升了 5.89%。对比第（3）列和第（4）列结果发现，联入高铁网络的高铁线路开通后，城市服务业产值占比显著提升了约 1.56 个百分点，而未联入高铁网络的高铁线路开通对城市服务业产值占比没有显著影响。这一结论证实了理论假说 5.2，同时也表明高铁线路开通城市联入高铁网络后，其服务业可以更充分地与其他城市尤其是大城市共享市场，进而促进高铁线路开通城市服务业集聚。

（二）稳健性检验

1. 基于倾向得分匹配法

为了检验上文回归结果的稳健性，本部分将对照组城市范围扩大到截至 2015 年仍未开通高铁线路的所有城市，利用倾向得分匹配法来重新筛选处理组和控制组城市样本。具体做法是：首先，以城市经济发展水平特征变量和城市基础设施水平特征变量作为处理组和控制组城市的匹配变量；其次，利用高铁线路开通前一年数据估计并计算城市开通高铁线路的概率（倾向得分）；再次，比较处理组和控制组城市高铁线路开通的概率，将概率最接近的处理组和控制组进行匹配，挑选新的控制组城市样本；最后，利用处理组及匹配出来的控制组城市数据，重新对基准实证模型进行估计。所得的回归结果如表 5.4 所示。

表 5.4　稳健性检验 1：基于倾向得分匹配法的回归结果

被解释变量	seagg		sepct	
	(1)	(2)	(3)	(4)
ss200	0.040 4**	0.034 9**	0.271 6	−0.270 0
	(0.016 8)	(0.016 9)	(0.582 0)	(0.597 2)
N	1 918	1 679	1 915	1 678
ss300	0.039 5**	0.055 5***	1.913 2***	1.621 5**
	(0.019 6)	(0.020 0)	(0.629 2)	(0.655 5)
N	1 836	1 641	1 835	1 641
dcs	0.035 3**	0.048 9***	1.059 2*	0.825 3
	(0.016 9)	(0.018 7)	(0.592 2)	(0.660 7)
N	2 058	1 815	2 056	1 815
ndcs	0.036 4**	0.034 7**	0.923 6	0.326 9
	(0.016 6)	(0.016 0)	(0.577 9)	(0.541 8)
N	1 633	1 459	1 631	1 458

注：第（1）列和第（3）列回归中未添加控制变量，第（2）列和第（4）列回归中添加了与表4.2第（4）列相同的控制变量，回归中均控制了与表4.2中相同的控制变量、年份固定效应与城市固定效应，受篇幅限制，控制变量的回归结果被省略。括号内为标准误，* 代表 $p < 0.1$，** 代表 $p < 0.05$，*** 代表 $p < 0.01$。

　　从表 5.4 中所列回归结果可以发现，不同速度等级和是否联入高铁网络的高铁线路开通均显著促进了城市服务业就业集聚水平的提升。基于表中第（2）列，对比回归系数大小可以发现，高速高铁线路开通对城市服务业就业集聚的影响效应大于中低速高铁线路开通；联入高铁网络的高铁线路开通的影响效应大于未联入高铁网络的高铁线路开通。由表中第（4）列可知，高速高铁线路开通促进了城市服务业产值占比的提高，在加入代表城市经济发展水平和基础设施水平的控制变量以后，高速高铁线路的开通促使城市服务业产值占比提升了约 1.62 个百分点。对比回归系数发现，联入高铁网络的高铁线路对城市服务业产值占比的影响为正，但并不显著。这些结论与表 5.2 和表 5.3 的实证结论相一致，说明了前文基准回归结果具有稳健性。

2. 剔除特殊城市样本

前文将处理组和控制组的城市样本限定于《中长期铁路网规划》（2016）中已开通或已规划但未开通的城市，其中包括直辖市。考虑到直辖市具有更高的经济战略地位，在高铁规划和建设中均是首要考虑的对象，将其排除可以进一步规避回归结果可能存在的内生性问题。另外，考虑到《中长期铁路网规划》（2016）提出的"八纵八横"高铁规划城市遍及全国范围，服务业就业集聚水平差异较大，而《中长期铁路网规划》（2008）的高铁规划城市主要集中于东部和中部地区，整体差异相对较小。如果采用后者进行研究可能会进一步改善研究样本的平行性趋势，从而得到更为准确的回归结果。相应的稳健性回归结果如表 5.5 所示。

表 5.5　稳健性检验 2：剔除特殊城市样本的回归结果

被解释变量	排除直辖市		排除 2016 年新增规划城市	
	seagg	*sepct*	*seagg*	*sepct*
	（1）	（2）	（3）	（4）
ss200	0.067 2***	0.452 7	0.033 5***	1.165 6*
	（0.018 5）	（0.635 0）	（0.012 7）	（0.610 8）
N	1 987	1 986	793	792
ss300	0.068 6***	1.758 6***	0.071 5***	2.023 6***
	（0.021 3）	（0.661 0）	（0.015 5）	（0.662 5）
N	1 815	1 815	974	974
dcs	0.070 8***	1.198 5*	0.078 7***	2.059 2***
	（0.019 9）	（0.651 1）	（0.016 6）	（0.676 8）
N	2 024	2 042	1 005	1 005
ndcs	0.060 0***	0.734 6	0.027 6**	1.122 5**
	（0.019 2）	（0.633 3）	（0.011 2）	（0.477 0）
N	1 729	1 728	739	738

注：回归中均控制了与表 4.2 中相同的控制变量、年份固定效应与城市固定效应，受篇幅限制，控制变量的回归结果被省略。括号内为标准误，* 代表 $p<0.1$，** 代表 $p<0.05$，*** 代表 $p<0.01$。

在表5.5中，第（1）列和第（2）列汇报了排除直辖市样本的回归结果，第（3）列和第（4）列为排除《中长期铁路网规划》（2016）新增规划城市样本的回归结果。从表5.5中第（1）列和第（3）列可以发现，无论排除了直辖市样本，还是排除了《中长期铁路网规划》（2016）新增规划城市样本，不同速度等级和是否联入高铁网络的高铁线路开通对城市服务业就业集聚的影响均显著为正，而且不同速度等级高铁线路开通的影响效应之间以及联入与未联入高铁网络高铁线路开通的影响效应之间的相对关系亦均与表5.2和表5.3相一致，再一次证明了前文异质性检验结论的稳健性。

（三）进一步研究

1. 不同经济地理区位城市的回归结果

考虑到中国不同经济地理区位城市的服务业发展水平差异较大，同一速度等级或网络化程度的高铁线路开通可能对不同经济地理区位城市服务业集聚产生不同的影响效应。为了获得更为翔实的回归结果，本书将城市样本划分为东部地区城市、中部地区城市和西部地区城市，并对不同地区城市样本分别进行回归。回归结果如表5.6所示。

表5.6 不同经济地理区位城市的回归结果

被解释变量	seagg			sepct		
	东部地区	中部地区	西部地区	东部地区	中部地区	西部地区
	（1）	（2）	（3）	（4）	（5）	（6）
ss200	0.097 2***	0.011 3	0.053 3	−0.508 7	0.085 1	0.661 6
	（0.025 2）	（0.026 8）	（0.033 7）	（1.004 9）	（0.825 7）	（1.390 3）
N	674	960	365	673	960	365
ss300	0.037 2	0.072 9**	0.148 4***	2.010 4***	0.409 2	1.294 5
	（0.026 0）	（0.030 5）	（0.033 6）	（0.618 1）	（0.683 2）	（1.179 6）
N	652	964	236	652	964	236
dcs	0.054 2**	0.059 8**	—	1.581 2**	−0.395 9	—
	（0.026 3）	（0.027 5）		（0.654 7）	（0.572 8）	
N	734	1 111	234	734	1 111	234

续表

被解释 变量	seagg			sepct		
	东部地区	中部地区	西部地区	东部地区	中部地区	西部地区
	(1)	(2)	(3)	(4)	(5)	(6)
ndcs	0.082 5***	0.016 5	0.051 6	−0.575 4	0.524 2	1.160 5
	(0.026 9)	(0.025 7)	(0.033 0)	(0.943 4)	(0.796 6)	(1.204 5)
N	582	798	361	581	798	361

注：回归中均控制了与表4.2中相同的控制变量、年份固定效应与城市固定效应，受篇幅限制，控制变量的回归结果被省略。括号内为标准误，* 代表 $p<0.1$，** 代表 $p<0.05$，*** 代表 $p<0.01$。

由表5.6中的回归结果可以发现：从不同速度等级来看，中低速高铁线路开通仅在东部地区显著促进了服务业就业集聚水平的提升，在中部和西部地区的就业集聚效应并不显著，对全部地区的服务业产值占比的影响均不显著；相反，高速高铁线路开通在中部地区和西部地区均显著提升了城市服务业就业集聚水平，对服务业产值占比的影响并不显著，但在东部地区对服务业产值占比产生了显著的正向影响，服务业就业集聚效应并不显著。这可能是因为：在东部地区，经济密度较大，地区间空间距离相对较小，速度相对较慢、站点设置通常较多的高铁线路能够较显著地促进服务业就业集聚的发生；而在中部和西部地区，地域面积相对较大，需要借助更高速度的高铁线路带来更显著的时空压缩效应，才能有效地促进服务业就业聚集。而产值占比的提升需要有相应的渠道和机制，相较于中部和西部地区，东部地区服务业发展的配套条件相对更加完善，因而服务业增长的资源更易被高速高铁线路所带动。

从不同网络化程度来看，开通联入高铁网络的高铁线路，在东部地区和中部地区均显著促进了城市服务业就业集聚水平的提升[1]，在东部地区促进了城市服务业产值占比的提升，而开通未联入高铁网络的高铁线路仅在东部地区显著促进了服务业就业集聚，而在中部和西部地区的服务业就业集聚效应并不显著，对于全部地区的服务业产值占比均未产生显著影响。在东部地区，不管开通的高铁线路是否联入高铁网络，均产生了显著

[1] 可惜的是，由于样本较少，此部分未得到西部地区的回归结果。

正向的效应，其原因在于，东部地区城市本身距离大城市较近或本身就是大城市，公路、航空等交通基础设施较发达，城市服务业就业集聚可能并不是主要通过高铁线路开通改善开通城市与大城市或其他城市之间可达性来实现的。对于中部地区城市，因距离大城市或其他高铁线路开通城市较远，能否通过高铁网络与大城市或其他城市相连，是这些城市能否实现可达性的明显改善，进而影响城市服务业就业集聚的决定因素。就服务业产值占比而言，东部地区发展服务业的资源配套相对完善，因而在经由高铁联入大城市网络后，服务业产值占比得到了显著的提升。

2. 不同等级城市的回归结果

考虑到不同等级城市的服务业发展水平本身存在着较大差别，同一类别高铁线路开通对服务业就业集聚的影响也可能存在着较大差别。本部分将按照 2013 年《第一财经周刊》发布的综合商业指数排名将城市划分为大城市、中等城市和小城市三类①，以此分别考察不同等级城市高铁线路开通对城市服务业就业集聚的影响。表 5.7 给出了不同等级城市高铁线路开通的回归结果。

表 5.7　不同等级城市的回归结果

被解释变量	seagg			sepct		
	大城市	中等城市	小城市	大城市	中等城市	小城市
	（1）	（2）	（3）	（4）	（5）	（6）
ss200	0.052 4 *	0.066 9 **	− 0.047 3 *	− 1.037 8	0.667 1	− 1.495 8 *
	（0.029 6）	（0.026 9）	（0.028 1）	（0.880 3）	（1.026 6）	（0.831 0）
N	378	951	670	377	951	670
ss300	0.118 8 ***	0.031 3	0.020 6	− 0.257 0	1.395 6	0.808 6
	（0.038 4）	（0.023 2）	（0.026 6）	（1.021 1）	（1.034 6）	（1.098 1）

---

① 2013 年，《第一财经周刊》发起了新一轮中国城市等级排名。此次排名共涉及全国 400 个城市，以一线品牌进入密度、一线品牌进入数量、GDP、人均收入、211 高校、《财富》全球 500 强进入数量、大公司重点战略城市排名、机场吞吐量、使领馆数量、国际航线数量等作为主要指标形成一个综合商业指数进行排名。综合商业指数越低，则等级排名越高，其中，大城市指二线及以上的城市，而中等城市指三、四线城市，小城市指五线城市。

续表

被解释变量	seagg			sepct		
	大城市	中等城市	小城市	大城市	中等城市	小城市
	（1）	（2）	（3）	（4）	（5）	（6）
N	294	865	693	294	865	693
dcs	0.107 3 ***	0.038 6 *	0.003 2	−0.180 1	0.638 9	−0.041 3
	（0.035 5）	（0.021 9）	（0.027 0）	（1.035 0）	（0.991 3）	（0.755 2）
N	331	996	752	331	996	752
ndcs	0.061 9 *	0.057 4 *	−0.035 6	−0.645 2	0.964 1	−0.649 5
	（0.031 3）	（0.030 1）	（0.024 1）	（0.682 3）	（1.122 7）	（1.255 8）
N	326	818	597	325	818	597

注：回归中均控制了与表4.2中相同的控制变量、年份固定效应与城市固定效应，受篇幅限制，控制变量的回归结果被省略。括号内为标准误，＊代表 $p<0.1$，＊＊代表 $p<0.05$，＊＊＊代表 $p<0.01$。

由表5.7可以发现：

第一，在不同速度等级情况下，中低速高铁线路开通显著促进了大城市和中等城市服务业就业集聚水平的提升，却显著降低了小城市服务业就业集聚水平；相应地，高速高铁线路开通仅显著促进了大城市服务业就业集聚水平的提升，而对中等城市以及小城市的影响均不显著。这表明，中低速高铁线路开通并未使服务业就业在小城市有所增加，反而对其产生了"虹吸"效应。高速高铁线路开通未能显著促进中小城市服务业就业集聚，这可能是高速高铁线路主要连接大城市，在中小城市设站较少导致的。

第二，在不同网络化程度下，无论联入高铁网络的高铁线路开通还是未联入高铁网络的高铁线路开通，均对大城市和中等城市服务业就业集聚产生显著正向的影响，但对小城市的影响并不显著。从效应大小比较来看，联入和未联入高铁网络的高铁线路开通对城市服务业就业集聚的影响均呈现随城市等级下降逐渐减小的趋势；联入高铁网络的高铁线路开通对大城市服务业就业集聚的影响大于未联入高铁网络的高铁线路开通，而对于中等城市前者的影响却小于后者。可能的解释是，联入高铁网络的高铁线路开通，相较于未联入高铁网络的高铁线路开通，给中小城市人口流向大城市就业提供了交通便利，因此极大地促进了大城市服务业就业集聚；同理，未联入高铁网络的高铁线路开通，促进了小城市人口流向中等城市或大城市就业，进而促进了大中城市服务业就业集聚。

第三，不同速度和不同网络可达性的高铁均未对城市服务业产值占比产生显著影响。其原因有两个：一方面，高速铁路以客运为主，对服务业就业的影响较为直接，而对服务业产值的影响则较为复杂，受干扰因素较多，并且在时间上表现出一定的滞后性；另一方面，在将各城市按照等级划分之后，符合条件的实验组样本数量较少，难以获得准确的实证回归结果。

3. 不同服务业部门的回归结果

不同类别的服务业，因生产方式不同，所依赖劳动力、资金、技术水平不同，高铁线路开通对其影响也可能存在差异。参照国民经济行业分类，将服务业划分为公共事业部门、劳动密集部门、技术密集部门和资本密集部门等四个部门①，分别考察高铁线路开通对这些服务业部门就业集聚的影响②。

表5.8给出了高铁线路开通对不同服务业部门就业集聚影响的回归结果。考虑不同速度等级的情况下，对于劳动密集部门，中低速和高速高铁线路开通均显著促进了城市服务业就业集聚水平的提升；在资本密集部门，高速高铁线路开通显著降低了城市服务业就业集聚水平，而中低速高铁线路开通的效应虽然亦为负，但并不显著；对于公共事业部门和技术密集部门，两种速度等级高铁线路开通对服务业就业集聚的影响均不显著。

考虑是否联入高铁网络的情况下，对于劳动密集部门，开通的高铁线路不管是否联入高铁网络，均显著促进了城市服务业就业集聚水平的提

---

① 具体地，将国民经济行业大类中的水利、环境和公共设施管理业，卫生、社会保险和社会福利业，居民服务和其他服务业单独划分成公共事业部门。此外，按照要素密集程度，将国民经济行业大类中的其他服务业行业划分成三个部门，例如将"批发和零售业"、"住宿和餐饮业"以及"文化、体育和娱乐业"划分为劳动密集部门，将"金融业"、"房地产业"以及"交通运输、仓储业和邮政业"划分为资本密集部门，将"信息传输、计算机服务和软件业"以及"科学研究、技术服务和地质勘查业"划分为技术密集部门。

② 因无法获得具体行业部门的产值数据，本部分仅讨论异质性的高铁线路对各部门行业就业密度的影响。

高；对于资本密集部门，联入高铁网络的高铁线路开通显著降低了服务业就业集聚水平，而未联入高铁网络的高铁线路开通相应效应虽然为负，但并不显著；对于技术密集部门和公共事业部门，开通的高铁线路不管是否联入了高铁网络，其相应效应均不显著。上述回归结果表明，高铁线路开通的服务业就业集聚效应主要发生在劳动密集部门，而在资本密集部门却发生了"扩散"效应。这一背离是由不同服务业部门的生产要素和生产方式决定的：对于劳动密集部门，其服务提供主要依赖于劳动力，因为交通成本（费用和时间成本）是影响劳动力成本的重要因素，为了降低成本，劳动密集部门通常集聚在交通便利的高铁线路开通城市；而对于资本密集部门，其产品主要依赖资本提供，而在交通便利的城市，通常因为租金等因素导致经营成本较大，因此在不改变或较少改变服务便利性的情况下，为降低成本，可能会向高铁线路开通城市外围转移。

表 5.8　不同服务业部门的回归结果

被解释变量	seagg			
	公共事业部门	劳动密集部门	技术密集部门	资本密集部门
	（1）	（2）	（3）	（4）
$ss200$	0.007 0	0.165 4 ***	−0.016 5	−0.016 3
	(0.016 0)	(0.041 0)	(0.029 2)	(0.058 1)
N	1 974	1 993	1 997	1 594
$ss300$	0.026 1	0.123 8 ***	0.070 2	−0.175 6 **
	(0.020 7)	(0.041 6)	(0.045 8)	(0.074 4)
N	1 829	1 846	1 851	1 508
dcs	0.025 0	0.139 1 ***	0.073 7	−0.177 0 ***
	(0.018 7)	(0.038 8)	(0.046 6)	(0.065 2)
N	2 049	2 072	2 078	1 690
$ndcs$	0.005 9	0.137 8 ***	−0.029 4	−0.021 1
	(0.017 9)	(0.041 6)	(0.028 8)	(0.058 9)
N	1 723	1 736	1 739	1 383

注：回归中均控制了与表 4.2 中相同的控制变量、年份固定效应与城市固定效应，受篇幅限制，控制变量的回归结果被省略。括号内为标准误，* 代表 $p<0.1$，** 代表 $p<0.05$，*** 代表 $p<0.01$。

五、本章小结

本章使用《中长期铁路网规划》（2016）中规划建设高铁的 266 个城市 2003—2015 年的面板数据，将高铁线路开通视为一项准自然实验，使用双重差分法（DID），系统考察了高铁线路开通对城市服务业集聚的影响。所得结论主要包括：

第一，异质性考察发现，高速高铁线路开通比中低速高铁线路开通能够更大程度地促进城市服务业聚集水平的提升；联入高铁网络的高铁线路开通比未联入高铁网络的高铁线路开通对城市服务业集聚具有更大的促进效应。

第二，对于不同经济地理区位城市，中低速高铁线路开通仅在东部地区显著促进了城市服务业就业集聚水平的提升；而高速高铁线路开通在中部地区和西部地区显著提升了城市服务业就业集聚水平，在东部地区显著提升了城市服务业产值占比。开通联入高铁网络的高铁线路在东部地区和中部地区显著促进了城市服务业就业集聚，而未联入高铁网络的高铁线路开通仅在东部地区城市对服务业集聚产生了显著的促进效应。

第三，对于不同等级城市，中低速高铁线路开通显著促进了大城市和中等城市服务业就业集聚水平的提升，却显著降低了小城市服务业就业集聚水平；高速高铁线路开通仅显著促进了大城市服务业就业集聚水平的提升。联入和未联入高铁网络的高铁线路开通对城市服务业就业集聚的影响均呈现随城市等级下降而逐渐减小的趋势。

第四，对于不同服务业部门，中低速高铁线路开通仅显著促进了劳动密集部门就业集聚水平的提高；而高速高铁线路开通不仅显著提高了劳动密集部门就业集聚水平，还显著降低了资本密集部门就业集聚水平。联入高铁网络的高铁线路开通显著促进了劳动密集部门就业集聚，同时还对资本密集部门产生显著负向的影响；而未联入高铁网络的高铁线路开通仅显著促进了劳动密集部门就业集聚水平的提升。

基于上述结论，本书给出以下政策建议：首先，要切实推进以高铁为代表的交通基础设施建设。发展交通基础设施建设有助于推进区域服务业发展集聚，促进产业结构优化升级。其次，在规划建设交通基础设施时，需要因地制宜地选择适合当地发展状况的交通基础设施。例如，在远离区域经济中心的地区建立低等级高铁，在邻近区域经济中心的地区建立高等级高铁和连通大城市的高铁等。再次，进一步推进交通网络的互联互通建设，特别是现有交通网络与大城市的联通，会对区域服务业产值占比的提升产生巨大作用。最后，在建设高等级高铁和联通大城市高铁时，要考虑到高铁线路开通对区域内部资本密集型行业就业的负向影响，并采取相应的措施以降低这种负面的影响。

第六章
水运基础设施与企业规模成长

一、引言

交通基础设施对于宏观经济增长的促进作用得到了既有文献的证实（Aschauer，1989；张学良，2012）。但必须注意的是，宏观经济的增长离不开微观基础，厘清交通基础设施在微观领域发挥作用的渠道和机制，也是当下应该关注的研究领域。在微观领域，企业是经济活动的主要参与者。需要关注的问题是，交通基础设施是否对企业的经营发展产生影响？如果有，那么这一影响通过何种渠道和机制发生？

本章以三峡工程这一水运基础设施为研究对象，拟从微观企业规模增长的角度来识别交通基础设施的经济效应。为了解决实证估计中的内生性问题，本书将地理数据与2000—2007年的工业企业数据相结合，基于三峡大坝通航这一自然实验，使用双重差分法（DID），通过识别距离三峡上游五大港口远近不同的企业的规模、投资和出口变化，考察三峡工程这一水运交通基础设施对企业成长指标的影响。研究结果表明，交通基础设施对企业成长有着显著的正向影响，三峡大坝通航之后，与长江上游五大港口的距离越近，企业的就业规模与投资规模增长得越明显。从机制上看，这一正向影响主要由交通基础设施的资源配置效应引致，交通基础设施质量改善扩大了企业所面临的市场规模，表现为企业出口概率的增加和出口交货值的增长。

透过本章的研究，可以看到本书的贡献主要体现在以下三个方面。

第一，既有文献的研究对象多为公路和铁路，本书是国内首篇主要关注水运交通基础设施经济效应的文献。水运是中国货运的重要组成部分。在中国全部货运周转量中，水运货运周转量占比达到50%[①]。水运工程，如葛洲坝工程和三峡工程，往往是中国基础设施投资中的重要组成部分，这类水运工程的投资规模大，建设周期长，发挥着防洪、发电和航运的重要作用。然而截至本书写作之前，国内尚无文献系统地针对水运基础设施的经济效应进行考察，本书弥补了这一领域的空白。

---

① 见历年《中国交通年鉴》。

第二，相较于既有文献，本书在识别策略上也有所改进。既有文献在考察交通基础设施的经济效应时，往往忽略了经济增长与交通基础设施建设的内生性关联。本书基于三峡工程通航这一自然实验，使用企业微观数据和双重差分法，考察距离港口远近不同的企业在通航前后企业规模的变化，可以有效减少既有文献中使用基础设施投资或者交通密度进行考察所导致的内生性偏误。

第三，本书基于微观数据，首次给出交通基础设施与微观企业规模增长的证据。企业成长是区域经济增长在微观层面的重要表现。既有文献中研究交通基础设施对宏观经济增长影响的文献居多，考察交通基础设施对微观企业成长影响的文献较少，仅有部分文献基于公路和铁路的投资建设考察了交通基础设施对微观企业生产率、库存及出口的影响。就目前而言，尚未发现国内有文章较为系统地研究交通基础设施与微观企业规模增长的关系，本书的研究丰富了这一领域的结论。

本章余下内容安排如下：第二部分首先回顾了三峡工程的建设背景，并回顾了研究交通基础设施经济效应的文献；第三部分介绍本书的估计策略，给出计量模型、数据及变量统计性描述；第四部分报告并分析了本书的实证估计结果，分为基准回归和机制检验；第五部分给出本章的结论。

二、背景及理论分析

（一）三峡工程通航背景

长江三峡，指的是长江在流经四川盆地东缘时冲开崇山峻岭，夺路奔流形成的瞿塘峡、巫峡、西陵峡这三座峡谷。古代中国，川江地带的交通状况十分艰难，而长江三峡航道是川江航道上的险中之险①。此外，长江每年 6~7 月进入雨季，历史上多次引发洪灾。

---

① 有诗为证，诗人白居易在诗作《初入峡有感》中描绘道："上有万仞山，下有千丈水。苍苍两崖间，阔狭容一苇。"李白也在《蜀道难》中感叹："蜀道之难，难于上青天。"

　　国家治理长江的步伐从未停止过，兴建三峡工程的论证持续了大半个世纪①。1992 年 4 月 3 日，七届全国人大五次会议通过《关于兴建长江三峡工程的决议》，标志着三峡工程正式进入实施阶段。三峡工程投资分为三大部分：一是枢纽工程投资；二是输变电工程投资；二是移民安置投资。1993 年 7 月，国务院三峡工程建设委员会以 1993 年 5 月末价格水平为基准，批复三峡工程静态投资概算合计 1 352.66 亿元。考虑到三峡建设工期中的物价上涨因素，2013 年三峡工程决算时，加上差价预备费和贷款利息的三峡建设总投资为 2 072.76 亿元，其中，枢纽工程 871.95 亿元、输变电工程 344.28 亿元、移民资金 856.53 亿元②。三峡工程工期长达 17 年，共分三个阶段：第一阶段是 1992 年至 1997 年，这一阶段主要进行准备工作，挖导流渠，实现大江截流；第二阶段是 1997 年至 2003 年，到 2003 年，三峡工程完成了蓄水、通航和发电三大任务，初步发挥功效；第三阶段是 2003 年至 2009 年。2009 年 8 月 30 日，三峡工程如期通过验收，开始全面发挥效益。

　　三峡工程集防洪、发电、航运三大效益于一体，其中，航运效益是三峡工程的第三大效益。2003 年 6 月 16 日，耗资 62.19 亿元，历时九个春秋的三峡双线五级船闸开始通航③，三峡蓄水水位达到 145 米的高度，提高了长江干流及库区支流航运条件，结束了"自古川江不夜航"的历史。三峡上游的长江主航道是宜昌至重庆的航道，长约 660 公里，地处丘陵和高山峡谷区的这一航道地理条件极为复杂，只可通航 1 500 吨级船队。三峡工程蓄水之前，宜昌至重庆航道共有急流滩、险滩等 139 处，其中急流

---

　　① 早在 1919 年，孙中山就在《实业计划》中提出改善川江航道，发展三峡水力发电的宏伟构想。1956 年 6 月，毛泽东在武汉畅游长江，写下《水调歌头·游泳》，"更立西江石壁，截断巫山云雨，高峡出平湖。神女应无恙，当惊世界殊"，以伟人的气魄勾勒出三峡的建设宏图。1980 年 7 月，邓小平从重庆顺江而下，就三峡工程相关问题进行考察。

　　② 长江三峡工程竣工财务决算草案审计结果 [N]. 中国审计报，2013-06-07（004）. 下文中三峡航运效益的具体数据同样来自这一审计报告。

　　③ 双线五级船闸是三峡水利枢纽的主要通航建筑物，总长为 6 442 米，包括上游引航道的 2 113 米、船闸主体段的 1 607 米以及下游引航道的 2 722 米，船闸中每个梯级分担三峡工程上、下游水位差的五分之一。船只通航时采用单向过闸的方式，下行船队过闸时间约为 140 分钟，而上行船队过闸需加上等候时间，上行时间总共约为 3 小时。

滩 77 处、险滩 39 处、浅滩 23 处，此外还有 23 处不能夜航或只此能单向夜航的河段（张江宇，2003）。水库蓄水之后，三峡上游长江主航道单位运输成本下降约 37%，万吨级船队可通过船闸直达重庆港。自 2003 年 6 月船闸通航至 2011 年底，通过三峡工程过闸以及翻坝的货运量累计达 5.5 亿吨，这一数字大幅超过三峡蓄水前葛洲坝船闸 22 年货运量的总和，相较通航之前，长江中上游成为名副其实的"黄金水道"。

图 6.1 给出了重庆地区水路货运量及货运周转量占比按年份变化的情况。在 2003 年三峡工程通航之后，水路货运量占比及货运周转量占比均呈显著上升趋势。2003 年，重庆地区水路货运周转量占比为 42.9%；2006 年，这一数字增长为 66.6%。从货运量占比来看，2003 年，重庆地区水路货运量占比为 6.8%，而到了 2007 年，这一指标增长至 11.7%。由此可见，三峡工程通航显著地提高了重庆地区的水运能力，改变了重庆地区的货运结构。

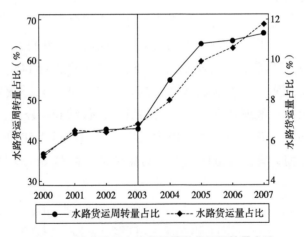

图 6.1　重庆地区水路货运量及货运周转量占比

资料来源：作者根据历年《中国物流年鉴》整理得到。

图 6.2 给出了长江上游四大港口在三峡通航前后集装箱吞吐量的变化。从图中可以得知，首先，三峡通航显著地提升了长江上游各个港口的通航能力。三峡通航之前，各个港口的吞吐量增长趋势较为平缓；2003 年三峡通航以后，各港口集装箱吞吐量显著增长，到 2007 年，各大港口的

吞吐量比 2003 年翻了好几番，三峡工程的航运效益由此可见一斑。其次，越靠近三峡工程，港口吞吐量的增长趋势越显著。图 6.2 中的四座港口均位于长江上游，按照与三峡坝区的距离由近至远排序依次为宜昌港、万州港、涪陵港和重庆港。从图中可以看到，宜昌港和万州港的吞吐量增长趋势比上游的涪陵港和重庆港更明显。四大港口中，增长最多的是万州港的集装箱吞吐量，2007 年，万州港集装箱吞吐量为 1.686 1 万标箱，是 2003 年这一指标——0.164 8 万标箱的 10.23 倍。

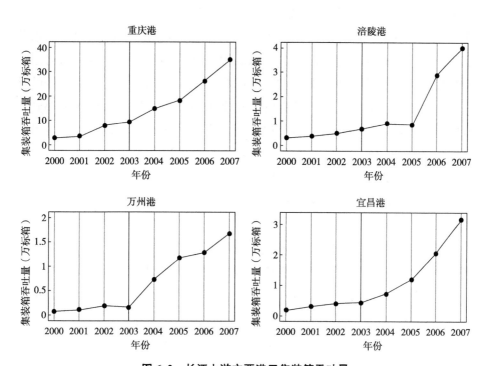

图 6.2　长江上游主要港口集装箱吞吐量

资料来源：2000—2007 年《长江年鉴》。

注：《长江年鉴》自 2005 年起报告泸州港的吞吐量数据，因此图中并未给出泸州港集装箱吞吐量的年份变化图。单位中的"标箱"指的是国际标准化组织（ISO）规定的长度为 20 英尺（6.096 米）的国际标准箱，是国际通用的集装箱和港口吞吐量的重要统计换算单位。

（二）水运基础设施与企业成长：理论机理

　　企业的生产经营行为和居民家庭的消费行为是微观市场中经济交易活动的核心。本部分以企业规模增加作为研究对象，讨论交通基础设施对其产生影响的理论机理。

本书以三峡通航作为水运交通基础设施质量改善的典型代表，2003 年 6 月三峡工程正式通航，显著提升了长江上游各个港口的通航能力。通航能力的提升带来企业生产经营成本的下降。交通基础设施质量的改善可以带来企业库存成本的下降（李涵、黎志刚，2009；刘秉镰、刘玉海，2011；Datta，2012）。通航以后，三峡上游运力大幅提升，单位运输成本下降幅度约为 37%①，运输成本的下降使得原材料的采购成本降低，企业的采购成本下降。此外，通航之前三峡上游宜昌至重庆航道的急流滩、险滩等多达 139 处，船只通行中的风险较高；通航之后，三峡工程蓄水水位达到 145 米，长江上游内河航运的稳定性得到大幅提升，航运时间得以大幅缩短，因而企业可以缩短采购库存的提前期，在其他因素保持不变的前提下，三峡上游企业的最低库存安全水平得以降低。除了库存成本得到降低以外，企业向下游厂家或者经销商销售产品的成本也得以降低。在维持原有生产经营规模不变的前提下，成本降低使得企业可以用富余资金扩大生产规模，赚取更多利润。基于以上分析，本书提出了理论假说 6.1：

假说 6.1：三峡工程通航通过降低企业的生产经营成本，扩大其生产规模。

除了生产经营成本以外，通航能力的提升还会使得企业所在区域的市场一体化程度提高，扩大了上游企业所面临的市场需求。市场需要分布在一定的地理空间范围之上，因而在某种程度上，交通基础设施决定了市场规模的大小。这主要是因为，交通运输可达性以及运输费用限制了微观经济主体的生产方式（例如，选择自给自足生产或者加入专业化分工的市场体系），进而决定了规模经济的最大限度。也就是说，交通基础设施决定了经济主体参与的市场规模，同时决定了各经济主体参与专业化分工的范围和深度。通航之前，上游区域市场与外部发达市场分布相对割裂，外部市场需求不能有效传递到上游市场。由于运输成本高昂，与外部企业相比，上游企业的竞争力相对较差。三峡工程通航强化了市场的区域连通性，要素资源在整个市场区域内重新配置，上游企业的竞争力较通航之前

---

① 数据来源为《长江年鉴》，经作者计算得到。

大幅增强。市场规模的改变使得上游企业有动机扩大生产规模，以满足来源于外部市场的需求。基于此，本书提出了理论假说6.2：

假说6.2：三峡工程通航通过扩大企业所面临的市场，促使企业扩大生产规模，以满足更多的外部市场需求。

三、实证策略、模型与变量

本书关心的问题有两个：交通基础设施的改善是否会影响企业成长？如果答案是肯定的，那么交通基础设施的改善通过何种渠道和方式影响企业的成长？相应地，本书的实证估计也分为基准回归和机制检验两个阶段。

（一）估计策略

如前所述，在研究交通基础设施的经济效应时，多数文献以省级交通基础设施投资或者交通密度作为核心解释变量，同时使用面板固定效应模型进行回归。这样做存在的一个问题是，忽略了被解释变量和解释变量之间的双向因果关系。既有文献中交通基础设施的经济效应往往是正向显著的，但经济发展水平较高的地区更容易兴建基础设施，忽略这一内生性关联将会导致估计结果有偏，从而高估基础设施的经济效应。为了解决这一问题，本书将三峡工程通航视为一个水运交通基础设施改善的自然实验，使用双重差分法（DID）估计交通基础设施对企业的影响。此外，为了进一步排除其他因素的干扰，本书对回归样本做了一些限定。

双重差分法通常被用于评估某项政策或事件对实施对象的影响，是经济学领域中被广泛运用的计量方法。概括地说，双重差分法的做法就是通过虚拟变量区分政策实施前和政策实施后以及样本中的实验组和控制组，然后将两个虚拟变量及其交叉项纳入回归方程，通过估计交互项的系数来获得政策或者事件产生的净影响。使用这一方法的好处在于，可以确定解释变量与被解释变量之间的双向因果关系，既能控制不可观测的样本中个体异质性的影响，又能控制随时间变化的不可观测因素的影响，从而得到对政策实施效果的无偏估计（陈林、伍海军，2015）。

本书将样本企业按照与航道距离的远近分为两组，距离航道较近的企业为实验组，而距离航道较远的企业为控制组。这样做的原因是，距离上游航道远近不同的企业，受到三峡工程通航的影响也是不同的。距离航道近的企业使用水路运输的成本低，因此更易受到水运交通基础设施改善的影响；距离航道较远的企业，在使用水路进行运输之前需要付出更高的成本将货物运输到航运码头，三峡工程通航之后，水路运输成本降低的部分占这些企业全部运输成本的比重较小。因此，相较于航道附近企业，与航道距离更远的企业不易受到三峡工程通航的影响。通过比较实验组和控制组两组样本企业在三峡工程通航前后的差异，可以得到三峡工程通航这一水运交通基础设施改善对企业成长状况的净影响。

在双重差分法中，控制组作为实验组的参照，理想情况下应该具备与实验组相同的基本特征，在本书模型中表现为控制组和实验组仅在与航道的距离上存在差别，控制组不应受到其他干扰。为了排除铁路运输等其他因素对回归结果的干扰，获得准确无偏误的回归结果，本书对回归样本的地理范围做了严格的限定。

总的来说，本书使用的是位于宜昌港以西，与长江上游五大港口的距离在10公里至200公里范围内的样本。首先，从三峡工程航运效益收益区域来看，三峡工程通航主要改善的是长江上游660公里航道的航运通行条件，因此本书选用严格位于宜昌港以西的长江上游企业样本。其次，港口附近分布着众多航运物流业企业，这些企业的规模和投资受港口本身建设情况及区域内行业扶持政策的影响较大，为了排除这些外部因素对回归结果的干扰，本书选定10公里为界，将港口附近10公里的企业样本删除。最后，还需进一步排除铁路运输对回归的干扰。水路、铁路和公路三种运输方式单位运输费用按年份变化的情况如图6.3所示，水路运输单位成本在2000—2007年最低，约为铁路运输单位成本的二分之一，公路运输单位成本的二十分之一，因而水路运输很难被公路运输所替代，铁路运输则可能会对水路运输产生一定的替代性。

根据2003年的交通线路图，距离五大港口200公里以内的样本恰好被铁路线所包围。尽管与航道同为东西走向的成达线、襄渝线和湘黔线均非中国主要的货运铁道线路，该铁路运输很难取代长江上游的水路货物运输，但为了避免铁路运输对本书估计的干扰，这里舍弃了与航道距离超过200公里的样本。

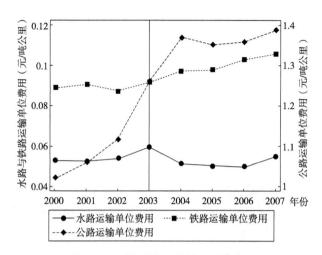

图 6.3　三种运输方式单位运输费用

资料来源：作者根据历年《中国物流年鉴》整理得到。

（二）数据来源、模型及变量描述

1. 数据来源

本书所使用的数据主要包括企业数据以及地理距离数据，其中企业数据来源于 2000—2007 年的工业企业数据库，地理距离数据则使用地理信息系统软件基于 2004 年中国矢量地图计算得到。

工业企业数据库由国家统计局建立，全称为"全部国有及规模以上非国有工业企业数据库"，数据来源于样本企业提交给当地统计局的季报和年报汇总，主要涉及国民经济行业分类中的"采掘业"、"制造业"和"电力、燃气和水的生产供应业"三个门类，其中制造业企业样本比例占到 90% 以上。这里的"规模以上"要求企业的主营业务收入在 500 万元以上，2011 年之后这一标准改为 2 000 万元以上。工业企业数据库从 1998 年开始采集数据，多数文献使用的样本区间为 1998—2007 年。本书将样本区间限定在 2000—2007 年，这样做的目的是排除亚洲金融危机对模型估计产生的影响。1997 年爆发的东南亚金融危机在 1998 年逐渐深化，并从泰国蔓延到印尼、日本乃至俄罗斯，重挫了整个亚洲的经济，最终在 1999 年结束。如果将 1998 年和 1999 年的样本也包含在内，预计将会对模型估计造成干扰，因此本书的样本区间从 2000 年开始，截至 2007 年。

本书的距离数据基于 2004 年矢量地图计算得到。这里的"距离"主要指的是样本企业与三峡上游航道的距离。由于工业企业数据库中企业地址部分常常缺失，同一家企业在不同年份的企业名称也经常发生变化，因而很难通过当前的地理信息数据查询到每个企业的详细地址。一个比较好的方法是，通过工业企业数据库中报告的行政区划代码，将企业与所在县级行政区划代码匹配，使用企业所在县域与航道的距离来替代企业与航道的距离。因为本书使用的地理数据源自 2004 年的中国矢量地图，所以在将样本企业与县级行政区划代码匹配前，需要对各年度样本的行政区划代码进行调整，统一调整为 2004 年的行政区划代码①。此外，在衡量样本所在县域与长江上游航道的距离时，本书使用的是企业所在县域中任意一点到长江上游五大港口的最近距离，即一个"面"到"点"的距离，这里的长江上游五大港口指的是泸州港、重庆港、涪陵港、万州港和宜昌港。之所以使用"面"到"点"的距离而非"面"到"线"的距离，主要原因在于，企业参与航运的方式主要是将货物运输到码头集中装箱，再通过水路进行运输，对于码头的规格、吞吐量有较高要求，而长江上游航道中可进行集装箱运输的码头并不密集存在。长江上游五大港口是中国主要的内河航运港口，在衡量企业与长江上游航道距离时，使用企业所在县域到长江上游五大港口的最近距离切合实际，更为合理。

2. 模型及变量描述

本书将三峡工程的通航视为交通基础设施改善的一个自然实验，将三峡上游的企业样本按照与航道距离的远近划分成实验组和对照组，使用双重差分模型研究交通基础设施改善对微观企业成长的影响。实证估计部分使用的具体模型如下：

$$Y_{it} = \alpha + \beta_1 \cdot Operate_t + \beta_2 \cdot Dist_{it} + \beta_3 \cdot Dist_{it} \cdot Operate_t + \lambda \cdot X_{it} + \varepsilon_{it} \quad (6.1)$$

式中：Y_{it} 是包括企业规模指标和企业出口指标在内的被解释变量，下标中的 i 代表企业，t 代表年份；$Operate_t$ 表示三峡工程通航状态的二值变量；$Dist_{it}$ 衡量了企业 i 在 t 年距离三峡上游五大港口的地理距离；x_{it} 为衡量企业特征的一系列控制变量；α 是常数项；ε_{it} 代表误差项。除此之外，回归模型中还控制了企业个体固定效应、年份固定效应、行业固定效应和企业所

———————————

① 县级以上行政区划变更信息来源于民政部网站。

有制固定效应。在回归模型中，β_1 和 β_2 为水平项的回归系数，λ 为控制变量 X_{it} 的系数，交互项 $Dist_{it} \cdot Operate_t$ 的估计系数 β_3 是本书最为关心的，当且仅当样本点属于离航道较近的实验组并且时间区间属于三峡通航以后的年度时，交互项取值为 1，因此，β_3 测量的是三峡工程通航这一交通基础设施改善对企业产生的净影响。接下来，本书将对回归中所用到的变量逐一加以解释，并给出描述性统计。

本章的实证部分分为基准回归和机制检验两大部分，相应地，被解释变量也分为两类，其中，基准回归中用到的被解释变量是企业的就业规模（*Employment*）和投资规模（*Investment*）。企业成长的重要表现是规模增长，而企业规模变大的一个直观表现是雇用人数的增多，因此本书使用企业就业人数加一的对数来衡量企业的就业规模。参照既有文献的做法，本书剔除了工业企业数据库中的无效样本[①]。企业成长的另一个重要表现是投资增多，然而工业企业数据库仅提供企业每年的总资产账面价值，并未报告企业每年的真实资产存量。本书参照布兰特（Brandt，2014）的做法对工业企业数据进行处理，并使用分年份地区的固定资产投资价格指数对企业总资产做平减，进而构建以 2000 年价格为不变基期价格的企业每年真实总资产，用真实总资产加一的对数来衡量企业的投资规模。在机制检验部分，本书使用企业的出口指标作为被解释变量，包括衡量企业是否存在出口行为的企业出口二值变量（*Export*）和企业的出口交货值（*Exp_value*）。若样本企业当年存在出口行为，则 *Export* 取值为 1；若样本企业当年不存在出口行为，则 *Export* 取值为 0。当使用企业出口交货值作为被解释变量时，具体的计算方法为，将企业当年的出口交货值加一取对数。

本书关注的核心解释变量是三峡工程通航和距离变量的交互项，其中，代表三峡工程通航状态的哑变量为 *Operate*，三峡工程双线五级船闸投入使用的具体时间是 2003 年 6 月 16 日，所以 *Operate* 在 2003 年及以后年度取值为 1，2002 年及以前年度取值为 0。在计算地理距离变量的时候，

---

① 具体做法为，删除应付工资为负、中间投入为负、总资产为负、注册资本为负、流动资产大于总资产、固定资产大于总资产、销售额小于 500 万元、职工人数小于 8 人、成立时间早于 1949 年的样本，并删除核心解释变量上下各 1% 的样本。

为了保证估计结果的稳健性，这里使用了多种定义方式的距离变量。首先，按照距离对样本进行分组，定义距离二值变量（$Dist$），若 i 企业在 t 年与航道的距离小于 50 公里[①]，则该变量取值为 1，否则取值为 0。其次，在使用距离二值变量进行回归的基础上，本书进一步衡量样本企业与三峡上游航道的距离的连续值，对距离的绝对值取对数，定义连续距离变量（$Ldist$）进行回归。

由于本书使用企业面板数据进行回归，并且通过添加企业固定效应、年份固定效应和行业固定效应控制住了大部分不随时间变化的企业特征趋势，因此除了基本的解释变量之外，本书只额外控制了两个控制变量，分别是企业成立时长（$Time$）和企业赫芬达尔指数（$HHI-rerenue$）。企业成立时长的计算方法是对企业自登记注册以来的年份时长取对数。企业赫芬达尔指数是衡量企业所在行业市场集中度的变量，其计算方法为，衡量样本企业所在市场上 50 家最大企业（如果少于 50 家企业，则取所有企业）每家企业市场占有份额百分比的平方和，企业赫芬达尔指数的取值范围为 0 到 1，指数越大，表示市场集中程度越高，垄断程度越高。

主要变量的描述性统计如表 6.1 所示。

表 6.1　描述性统计

变量名	变量含义	样本量	平均值	标准误	最小值	最大值
$Employment$	就业规模	30 720	4.973 2	1.014 6	2.397 9	8.229 2
$Investment$	投资规模	30 571	9.707 0	1.283 7	6.803 5	14.291 1
$Export$	出口二值变量	30 951	0.091 3	0.288 0	0	1
Exp_value	出口交货值	30 895	0.797 5	2.606 9	0	12.925 7
$Operate$	通航二值变量	30 951	0.758 4	0.428 0	0	1
$Dist$	距离二值变量	30 951	0.281 0	0.449 5	0	1
$Ldist$	对数距离	30 951	2.176 6	0.729 4	0.702 8	3.043 5
$HHI\_revenue$	企业赫芬达尔指数	30 951	0.000 8	0.001 6	0.000 2	0.042 6
$Time$	企业成立时长	30 951	2.143 3	0.818 8	0	4.094 3

---

① 在中国，居民活动范围一般在 50 公里以内（Garske et al.，2011）。

四、实证结果与分析

这一部分报告了本章的基准回归和机制检验两部分的实证结果，并对每部分的实证结果均进行了稳健性检验。在基准回归部分，本书以企业的就业规模和投资规模作为反映企业成长状况的被解释变量，考察交通基础设施对企业成长的影响。在机制检验部分，本书以企业出口指标作为被解释变量。本书认为，交通基础设施促使企业成长的一个重要途径是扩大企业所面临的市场，如果三峡工程通航这一水运基础设施改善使得企业出口增多，那么这一机制就得到验证。

（一）基准回归

如前所述，本书要解决的问题是：交通基础设施是否对微观层面上的企业成长产生影响？企业成长的两个直观的表现是规模增大和投资增加。在基准回归部分，本书分别以规模和投资指标作为被解释变量进行回归，交互项的系数 β_3 是本书重点关注的对象。基准回归结果如表 6.2 所示。

表 6.2　基准回归结果

被解释变量	（1）	（2）	（3）	（4）
	Employment		*Investment*	
Dist · Operate	0.057 8 ***	0.054 3 ***	0.077 1 ***	0.070 1 ***
	(3.14)	(3.00)	(3.34)	(3.11)
Dist	−0.467 3 **	−0.482 3 **	−1.021 3 ***	−1.039 1 ***
	(−2.14)	(−2.18)	(−16.83)	(−16.27)
Operate	−0.094 1 ***	−0.080 7 ***	0.245 1 ***	0.584 1 ***
	(−5.31)	(−4.15)	(13.46)	(23.48)
HHI_revenue		−1.235 0		−29.232 0 ***
		(−0.26)		(−7.51)
Time		0.092 5 ***		0.127 3 ***
		(12.34)		(13.90)
截距项	5.101 7 ***	4.900 2 ***	9.730 5 ***	9.479 7 ***
	(39.55)	(37.57)	(70.71)	(68.98)

续表

被解释变量	（1）	（2）	（3）	（4）
	Employment		*Investment*	
R^2	0.011 8	0.020 4	0.212 3	0.223 0
样本量	30 720	30 720	30 571	30 571

注：括号内为 t 值，采用在"县区×年份"层面双重聚类的标准误进行计算。* 代表 $p<0.1$，** 代表 $p<0.05$，*** 代表 $p<0.01$。回归中控制了企业个体固定效应、年份固定效应、行业固定效应和企业所有制固定效应。

由表 6.2 可知，在控制了企业个体固定效应、年份固定效应、行业固定效应和企业所有制固定效应之后，交互项的系数在四列回归结果中均为正向显著。这一结果显示，三峡工程通航之后，相较于与航道距离大于 50公里的企业，与航道距离小于 50 公里的企业就业规模增加了约 5.43%，投资增加了约 7.01%，这一系数在 1% 的水平下显著。这与本书的预期相一致，三峡工程通航意味着长江上游航道条件得到改善，这一交通基础设施质量的提升显著地扩大了长江上游航道附近企业的就业规模与投资规模，促进了企业成长。企业成立年份对企业规模和企业投资均有显著的影响，企业成立时间越长，企业的规模和投资就越大。企业赫芬达尔指数的回归系数为负，说明行业集中度越高，行业内企业的就业规模和投资规模越小，即行业垄断程度会抑制企业的成长。

为了验证基准回归结果的稳健性，在接下来的部分，本书将依次报告不同种类稳健性回归的结果。

图 6.5 给出了基准回归中动态回归结果的示意图，纵轴衡量的是核心变量"年份×通航"的系数，横轴区别了不同年份，基年（2000 年）的回归结果被省略。其中，实心原点标记了核心解释变量回归系数的具体值，而竖线给出了这一系数的置信区间，若整个置信区间均位于 0 以上，则说明系数显著区别于 0。图 6.4 的左边部分报告了以就业规模为被解释变量的动态回归结果，右边部分则报告了以投资规模为被解释变量的回归结果。

在以就业规模作为被解释变量的回归中，2003 年通航当年，核心交互项的系数仍未显著区别于 0，自 2004 年开始，核心交互项的回归系数显著大于0。在使用投资规模作为被解释变量的回归中，自 2003 年开始，核心交互项

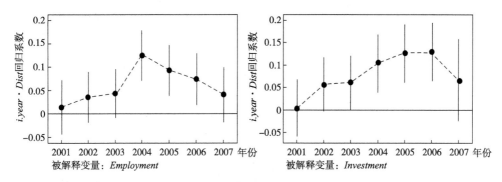

图 6.4　基准回归动态结果示意图

注：采用在"县区×年份"层面双重聚类的标准误进行计算。图中报告的是 90% 置信水平的结果。回归中控制了企业个体固定效应、年份固定效应、行业固定效应和企业所有制固定效应。

的系数显著大于 0。自 2007 年开始，两个回归中的核心交互项的系数不再显著区别于 0，这可能与 2007 年 8 月 9 日开始爆发的世界金融危机有关。

　　总体来看，动态回归的结果显示，三峡工程通航对企业的就业规模与投资规模均有显著影响，相较于距离航道较远的企业，从 2004 年开始，距离航道较近企业的就业规模和投资规模均显著增加了。

　　表 6.3 报告了改变距离定义方式的稳健性检验结果。这里对核心交互项中的距离的定义方式做了调整，也就是将交互项中的距离由二值变量变成连续距离变量的对数。通过表 6.3 中的回归结果可以看到，不论是否加入控制变量，核心解释变量的系数均是负向显著的。这一结果与本书的预期一致，即三峡工程通航之后，企业的就业规模和投资规模随着与航道距离的增加而降低。在对连续距离变量取对数之后，交互项的系数变为 −0.041 0 和 −0.048 6，说明在三峡工程通航之后，与航道的距离每增加 1%，企业的就业规模下降 4.10%，投资规模下降 4.866%。在改变距离定义方式的回归中，基准回归的结果仍然稳健。

表 6.3　稳健性检验 1：改变距离定义方式回归

被解释变量	(1)	(2)	(3)	(4)
	Employment		*Investment*	
Dist · Operate	−0.043 6 ***	−0.041 0 ***	−0.053 8 ***	−0.048 6 ***
	(−3.81)	(−3.60)	(−3.95)	(−3.64)

续表

被解释变量	（1）	（2）	（3）	（4）
	Employment		*Investment*	
Ldist	0. 723 3 ***	0. 729 7 ***	0. 900 0 ***	0. 902 5 ***
	（4. 21）	（4. 20）	（3. 98）	（3. 96）
Operate	0. 037 5	0. 023 5	0. 284 9 ***	0. 709 1 ***
	（1. 34）	（0. 85）	（8. 50）	（19. 03）
HHI_revenue		−0. 963 5		−28. 968 0 ***
		（−0. 20）		（−7. 45）
Time		0. 092 4 ***		0. 127 1 ***
		（12. 35）		（13. 90）
截距项	3. 398 2 ***	3. 178 4 ***	7. 487 1 ***	7. 225 8 ***
	（8. 69）	（8. 04）	（14. 64）	（14. 03）
R^2	0. 013 0	0. 021 6	0. 213 2	0. 223 9
样本量	30 720	30 720	30 571	30 571

注：括号内为 t 值，采用在"县区×年份"层面双重聚类的标准误进行计算。* 代表 $p<0.1$，** 代表 $p<0.05$，*** 代表 $p<0.01$。回归中控制了企业个体固定效应、年份固定效应、行业固定效应和企业所有制固定效应。

尽管本书在匹配企业与其所在县域时对不同年份的行政区划代码进行了统一，并且删除了距离五大港口 10 公里以内的样本，但样本中仍然存在同一家企业在不同年份的行政区划代码不一致的状况，这可能是由于具有这一特征的企业在回归区间内发生了迁移。为了排除企业搬迁对回归结果的影响，本书在基准回归的基础上剔除了这部分迁移的企业样本，表 6.4 的第（1）列和第（2）列报告了这一回归的结果。结果显示，在剔除迁移样本之后，核心交互项的系数符号不变，绝对值稍有上升，仍然在 1% 的水平下显著。

表 6. 4　稳健性检验 2：使用非迁移样本及排除新成立样本回归

被解释变量	（1）	（2）	（3）	（4）
	Employment	*Investment*	*Employment*	*Investment*
Dist · Operate	0. 049 8 ***	0. 065 5 ***	0. 057 6 ***	0. 077 3 ***
	（2. 76）	（2. 93）	（3. 23）	（3. 53）

续表

被解释变量	(1)	(2)	(3)	(4)
	Employment	*Investment*	*Employment*	*Investment*
Dist	—	—	—	—
Operate	−0.078 0 ***	0.580 9 ***	−0.089 3 ***	0.561 8 ***
	(−4.00)	(23.23)	(−4.46)	(23.06)
HHI_revenue	−0.901 2	−28.742 8 ***	3.584 0	−26.743 3 ***
	(−0.19)	(−7.42)	(0.76)	(−7.09)
Time	0.092 4 ***	0.130 0 ***	0.080 4 ***	0.100 9 ***
	(12.11)	(14.05)	(9.60)	(9.06)
截距项	4.782 3 ***	9.197 7 ***	4.820 9 ***	9.269 0 ***
	(41.48)	(67.51)	(38.08)	(58.00)
R^2	0.020 0	0.222 5	0.015 6	0.222 4
样本量	30 459	30 310	22 253	22 171

注：括号内为 *t* 值，采用在"县区×年份"层面双重聚类的标准误进行计算。* 代表 $p<0.1$，** 代表 $p<0.05$，*** 代表 $p<0.01$。回归中控制了企业个体固定效应、年份固定效应、行业固定效应和企业所有制固定效应。

如前所述，三峡工程通航之后，上游的航运条件得到极大改善，这里可以合理推测，较好的航运条件吸引了大量新企业在航道附近注册登记。为了排除新成立企业对回归结果的干扰，在使用非迁移样本进行回归的基础上，本书进一步使用成立时间在 2002 年及之前年份的企业数据进行回归。通过考察这些企业就业规模及投资规模的变化，本书可以得到一个不受企业新成立因素影响的估计结果。表 6.4 中的第（3）至（4）列报告了使用这一面板数据进行回归的结果。排除 2002 年后新成立的企业样本之后，基准回归中核心解释变量的结果仍然在 1% 的水平下正向显著，且相较于基准回归，核心解释变量的系数还有所提高。因此，在使用非迁移样本和平衡面板样本进行回归的时候，基准回归的结果仍然稳健。

在稳健性回归的基础上，本书仅使用下游的企业样本进行了安慰剂回归，这样做的目的在于排除全国范围内的其他政策对估计结果的影响。这里的其他政策主要指的是中国加入世界贸易组织和其他类型交通基础设施的建设及运输费用变化。首先，2001 年 12 月 11 日，中国正式加入世界贸易组织（以下简称"入世"）。如果入世会对企业的成长趋势产生影响，那么这一影响的范围应该是全国性的、普遍性的。其次，从图 6.3 可以看到，三峡工程通航的 2003 年前后，公路运输和铁路运输的单位费用均有不同程度的上涨。一种可能的猜想是，运输价格的上涨，使得水路运输对其他方式的运输产生了替代效应，因此使用水运的企业增多。如果这一猜想成立，那么这一替代作用应该也是普遍性的。最后，在 2000 年、2001年、2004 年和 2007 年，全国铁路系统进行了不同程度的提速行动，特别是 2007 年 4 月 18 日开始的中国铁路第六次大提速，相较前几次小范围的普通提速，在实现主要干线货物列车提速的同时，还加快了货车周转，普遍提高了货物列车的牵引重量。提速之后，铁路货运能力得到显著提升，铁路运输容易对水路运输产生较大的替代性。除了铁路以外，样本区间内公路总量持续增加，路网结构进一步改善，全国范围内公路技术等级和路面等级不断提高。

相较于上游企业，下游企业样本并没有享受到三峡工程通航以后航运条件改善带来的收益，但下游企业与上游企业同时受到入世及铁路、公路等其他类型交通运输费用上升和交通基础设施改善的影响。使用下游样本回归，若看不到与基准回归相同的结果，则可以排除基准回归结果由全国范围内其他政策导致的可能性。

表 6.5 报告了安慰剂检验的结果。在使用下游样本进行回归时，核心解释变量呈现出与基准回归完全相反的结果。具体地，在以就业规模作为被解释变量时，核心解释变量 $Dist \cdot Operate$ 的回归系数负向显著，说明在三峡工程通航以后，下游样本中靠近航道的企业样本就业规模降低；在以投资规模作为被解释变量的时候，$Dist \cdot Operate$ 的回归系数负向不显著，说明在三峡工程通航以后，比起与航道距离较远的企业，下游与航道距离较近企业的投资规模并没有明显提升。这就说明，基准回归中与航道距离较近企业的投资规模与就业规模增加并非由全国范围内其他政策导致，而确实是由三峡工程通航以后航运条件的改善引起的，因此基准回归结果稳健。

表 6.5　安慰剂检验：使用下游样本回归

被解释变量	(1)	(2)	(3)	(4)
	Employment		*Investment*	
Dist · Operate	-0.059 8 **	-0.044 1 *	-0.023 3	-0.004 1
	(-2.53)	(-1.83)	(-0.81)	(-0.14)
Dist	1.032 0 ***	1.039 6 ***	0.860 2	0.872 2
	(3.14)	(3.08)	(0.97)	(0.95)
Operate	-0.004 3	-0.030 3 **	0.218 9 ***	0.190 1 ***
	(-0.28)	(-2.02)	(11.35)	(10.11)
HHI_revenue		-32.297 2 ***		-32.167 4 ***
		(-5.15)		(-4.60)
Time		0.084 5 ***		0.108 6 ***
		(14.21)		(17.25)
截距项	4.349 7 ***	4.212 7 ***	8.954 9 ***	8.770 0 ***
	(73.35)	(68.29)	(90.20)	(84.78)
R^2	0.010 4	0.017 8	0.255 4	0.261 9
样本量	126 888	126 888	126 398	126 398

注：括号内为 t 值，采用在"县区×年份"层面双重聚类的标准误进行计算。* 代表 $p<0.1$，** 代表 $p<0.05$，*** 代表 $p<0.01$。回归中控制了企业个体固定效应、年份固定效应、行业固定效应和企业所有制固定效应。

（二）机制检验

基准回归及其稳健性检验的结果证实了交通基础设施的改善会促进企业的成长。那么交通基础设施的改善是通过何种渠道和机制来促进企业成长的呢？一个可能的解释是，区域内交通基础设施建设完善，首先会作用于企业规模之上。其原因在于，交通基础设施的完善，会降低企业的运输成本，扩大其所面临的市场（Faber，2014；Donaldson and Hornbeck，2016）。市场变大意味着面临更多需求，因而企业会扩大生产，在宏观上体现为区域经济活动增加，微观层面上直接表现为企业的成长。

为了检验这一机制，本书以企业出口指标衡量企业所面临的市场，若企业的出口增大，则意味着企业面临的市场扩大。具体地，以企业出口二值变量（*Export*）和企业出口交货值（*Exp_value*）作为被解释变量，代入双重差分模型进行回归，若三峡工程通航这一水运基础设施的改善促进了长江上游企业的出口，则交通基础设施通过改变企业市场规模促进企业成长这一机制成立。

表6.6报告了使用出口指标替换基准回归中被解释变量的回归结果，不论是以企业出口二值变量还是以出口交货值作为被解释变量，核心解释变量的系数都是正向显著的。表中的第（1）列和第（2）列报告了以企业出口二值变量为被解释变量的回归结果，核心交互项的系数显示，在三峡工程通航之后，比起与航道距离大于50公里的企业，与航道距离在10~50公里的企业出口概率上升了约0.015 7，在5%的水平下显著。值得注意的是，样本区间内企业出口概率的均值为0.091 3，这一结果在均值的基础上提高约17.20%。第（3）列和第（4）列报告了以出口交货值作为被解释变量的回归结果，加入全部控制变量之后，核心交互项的系数为0.169 1，在1%的水平下正向显著，说明在三峡工程通航之后，与航道距离在10~50公里的企业出口交货值比与航道距离大于50公里的企业出口交货值增加了16.91%。

表6.6 出口机制检验

被解释变量	(1)	(2)	(3)	(4)
	Export		*Exp_value*	
Dist · Operate	0.016 3 **	0.015 7 **	0.174 0 ***	0.169 1 ***
	(2.16)	(2.09)	(2.82)	(2.74)
Dist	−0.019 4 **	−0.019 6 **	−0.213 2 ***	−0.215 3 ***
	(−2.40)	(−2.42)	(−3.12)	(−3.14)
Operate	0.031 5 ***	0.018 5 ***	0.320 8 ***	0.258 2 ***
	(5.06)	(2.90)	(6.11)	(4.88)
HHI_revenue		−4.462 6 ***		−39.216 4 ***
		(−3.59)		(−3.84)
Time		0.004 4		0.040 1#
		(1.33)		(1.56)

续表

被解释变量	(1)	(2)	(3)	(4)
	Export		*Exp_value*	
截距项	0.090 9 ***	0.085 4 **	0.912 8 ***	0.860 4 ***
	(2.68)	(2.43)	(3.25)	(2.96)
R^2	0.007 3	0.007 6	0.010 7	0.011 0
样本量	30 951	30 951	30 895	30 895

注：括号内为 t 值，采用在"县区×年份"层面双重聚类的标准误进行计算。#代表 $p<0.15$，* 代表 $p<0.1$，** 代表 $p<0.05$，*** 代表 $p<0.01$。回归中控制了企业个体固定效应、年份固定效应、行业固定效应和企业所有制固定效应。

与基准回归类似，在机制检验基本结果之后，图6.5给出了以出口指标为被解释变量的动态结果。

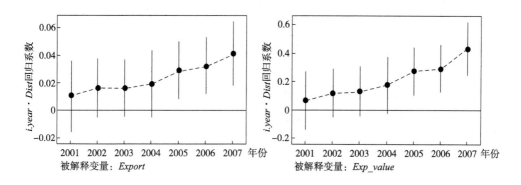

被解释变量：*Export* 　　　　　　　　　被解释变量：*Exp_value*

图6.5 机制检验动态结果

注：采用在"县区×年份"层面双重聚类的标准误进行计算。图中报告的是90%置信水平的结果。回归中控制了企业个体固定效应、年份固定效应、行业固定效应和企业所有制固定效应。

从2005年开始，相比与航道距离较远的企业，与航道距离更近企业的出口概率及出口交货值均显著上升了。三峡工程通航的时间是2003年6月16日，相较于从2004年开始显著增长的企业就业规模和投资规模，企业出口概率和出口交货值从2005年开始显著。一个可能的原因是，产品的出口处在企业生产经营链条的末端，三峡工程通航首先带动了企业投资和就业，经过一定的生产经营过程，最终反映到企业的出口指标当中。总体上，动态回归结果说明，三峡通航促进了与航道距离较近企业的出口。

与基准回归部分相对应，表 6.7 给出了以出口指标作为被解释变量时，各类稳健性回归的结果。在以连续距离变量的对数重新定义核心交互项中的距离变量时，添加全部解释变量之后，以出口二值变量作为被解释变量时，核心解释变量的符号仍然为负，但并不显著。在以出口交货值作为被解释变量时，核心交互项的系数在 5% 的水平下负向显著，即三峡工程通航之后，企业的出口交货值随着与航道距离的增加而降低。具体地，添加控制变量之后，核心交互项的系数为 -0.092 0，表示三峡工程通航以后，企业与上游航道的距离每增加 1%，企业的出口交货值下降 0.1%。表 6.7 中的下半部分给出了使用非迁移样本和使用排除新成立样本面板回归的结果。在使用非迁移样本进行回归时，三峡工程通航以后，与航道距离较近的企业出口概率增加了约 0.014 2，在样本区间内均值的基础上提高 15.55%，出口交货值增加了约 15.23%。在使用排除 2002 年以后新成立企业的数据进行回归时，三峡工程通航以后，与航道距离较近的企业出口概率增加了约 0.020 0，相当于均值的 21.91%，出口交货值增加了约 20.60%。总体来说，三峡工程通航以后，与航道距离较近企业的出口概率和出口交货值都显著增加了。因此，以出口指标作为被解释变量的机制检验结果比较稳健。

表 6.7　出口机制检验 1：稳健性回归

被解释变量	(1)	(2)	(3)	(4)
	Export		*Exp_value*	
Dist · Operate	-0.007 5	-0.007 1	-0.095 6***	-0.092 0**
	(-1.64)	(-1.55)	(-2.58)	(-2.48)
样本量	30 951	30 951	30 895	30 895
Dist · Operate（非迁移）	0.014 7*	0.014 2*	0.157 2**	0.152 3**
	(1.85)	(1.78)	(2.39)	(2.32)
样本量	30 690	30 690	30 634	30 634

续表

被解释变量	（1）	（2）	（3）	（4）
	Export		Exp_value	
Dist · Operate	0.020 4 ***	0.020 0 ***	0.209 7 ***	0.206 0 ***
（排除新成立）	(2.66)	(2.61)	(3.35)	(3.29)
样本量	22 458	22 458	22 407	22 407

注：括号内为 t 值，采用在"县区×年份"层面双重聚类的标准误进行计算。* 代表 p<0.1，** 代表 p<0.05，*** 代表 p<0.01。回归中控制了企业个体固定效应、年份固定效应、行业固定效应和企业所有制固定效应。受篇幅限制，交互项中的水平项及控制变量的回归结果被省略。第（1）列和第（3）列给出了不添加企业成立时长及 HHI 的回归结果。

表 6.8 报告了使用企业出口指标作为被解释变量的安慰剂检验结果。不论是以企业出口二值变量（Export）还是以企业出口交货值（Exp_value）作为被解释变量，核心解释变量 Dist · Operate 的回归系数均不显著，说明在三峡工程通航以后，下游与航道距离较近企业的出口概率和出口交货值与距离航道较远企业未产生显著的差异。这一结果与机制检验中上游企业样本的回归结果完全相反，说明与航道距离较近企业的出口概率和出口交货值的增加并不是由全国范围内其他政策导致的，而确实是由三峡工程通航以后航运条件的改善引起的，因此机制检验的回归结果稳健。

表 6.8　出口机制检验 2：安慰剂检验

被解释变量	（1）	（2）	（3）	（4）
	Export		Exp_value	
Dist · Operate	0.003 8	0.006 5	-0.006 9	0.020 6
	(0.49)	(0.84)	(-0.10)	(0.30)
Dist	-0.011 3	-0.013 0	-0.056 4	-0.075 5
	(-0.91)	(-1.04)	(-0.53)	(-0.76)
Operate	-0.009 4	-0.018 5 **	-0.004 5	-0.098 4
	(-1.10)	(-2.11)	(-0.06)	(-1.36)
HHI_revenue		-16.067 1 ***		-1.7e+02 ***
		(-4.54)		(-4.81)

被解释变量	(1)	(2)	(3)	(4)
	Export		Exp_value	
Time		0.010 7 ***		0.107 7 ***
		(3.88)		(4.48)
截距项	0.242 0 ***	0.236 2 ***	2.079 5 ***	2.027 0 ***
	(11.20)	(10.49)	(10.39)	(9.82)
R^2	0.004 1	0.004 7	0.004 4	0.005 2
样本量	127 401	127 401	127 120	127 120

注：括号内为 t 值，采用在"县区×年份"层面双重聚类的标准误进行计算。* 代表 $p<0.1$，** 代表 $p<0.05$，*** 代表 $p<0.01$。回归中控制了企业个体固定效应、年份固定效应、行业固定效应和企业所有制固定效应。

五、本章小结

基础设施建设在中国的经济发展中占有重要地位。在基础设施建设版图中，交通基础设施是最亮眼的那一抹颜色。既有文献从多个角度论证了交通基础设施对宏观经济增长的促进作用，但宏观经济增长的基础是微观领域经济活动的增加，企业是在微观领域进行经济活动的主要个体，现有的研究当中尚无文献将交通基础设施的建设和微观层面的企业成长联系起来。

本章基于三峡工程通航这一自然实验，使用双重差分法考察交通基础设施对企业成长的影响。使用 2000—2007 年的工业企业面板数据的实证结果表明，三峡工程通航这一水运基础设施的改善显著促进了长江上游航道附近企业规模的扩大。三峡工程通航以后，相较于距离航道较远的企业，与航道距离较近的企业在就业规模和投资规模方面均有不同程度的扩大。以企业出口指标作为被解释变量的机制检验结果显示，三峡工程通航之后，相较于距离航道较远的企业，与长江上游航道距离较近的企业的出口概率和出口交货值均有显著增加，三峡工程通航使得这部分样本企业所面临的市场增大，经济活动增加，从而促进了企业的发展。

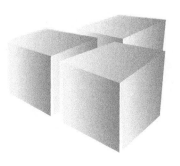

第七章

公路基础设施与农业劳动力转移

一、引言

改革开放40多年来中国的经济腾飞离不开农业劳动力转移。大量剩余劳动力从农业部门流入非农部门，使得非农部门劳动生产率不断提高，带动经济快速增长（刘秀梅、田维明，2005；张广婷等，2010），1979—2010年，农业劳动力转移对经济增长的贡献率约为8.2%（蔡昉，2017）。随着农业劳动力的大量转移，中国的劳动供给弹性不断下降，刘易斯二元经济模型中的第一拐点已经到来（Rawski and Mead，1998；Minami and Ma，2010），在人口年龄结构不足以支撑劳动力供给的前提下，亟待寻找新的方式，促进农业劳动力的继续转移，扩大优质劳动供给。

交通基础设施是各级政府投资的重要方式，对中国经济产生了广泛而深远的影响（刘秉镰等，2010；刘生龙、胡鞍钢，2010）。以2008年中央政府出台的4万亿元投资计划为例，方案中近一半资金投向了公路、铁路、机场等交通基础设施建设领域。大规模扩张的交通基础设施，在促进城乡和区域协调发展、改善民生等方面发挥了支撑作用（Li and Shum，2001；周浩、郑筱婷，2012）。然而目前，我国部分领域和项目中的基础设施投资仍旧不足，成为经济建设中的突出短板。保持基础设施领域补短板力度，对提升我国的中长期供给能力，确保经济运行在合理区间具有重要意义①。

那么，交通基础设施是否对农业劳动力转移产生影响？这一影响通过何种渠道和机制发生？既有文献大多从户籍、教育、土地资源等视角讨论农业劳动力转移的影响因素，较少关注基础设施对农业劳动力转移的影响，特别是交通基础设施在农业劳动力转移中起到的作用。截至目前，尚无文献基于微观视角探索交通基础设施对农业劳动力转移作用的具体渠道和机制，本书希望弥补这一研究领域的空白。

基于中国家庭追踪调查（CFPS）微观数据库，本书使用双重差分法（DID）考察通公路这一交通基础设施的改善对居民家庭从事农业生产概

---

① 为此，国务院在2018年10月31日出台《关于保持基础设施领域补短板力度的指导意见》（国办发〔2018〕101号），部署了基础设施领域建设的重点任务。

率的影响。考虑到居民家庭的个体特征差异较为明显，不同特征居民家庭受交通基础设施改善的影响可能存在差异，本书区分了居民家庭的收入等级和居住类型，考察交通基础设施对不同特征的居民家庭由农业生产转向非农行业的差异化影响。在拓展分析部分，本书进一步分析了公路基础设施对农业劳动力转移的作用渠道和机制，包括公路基础设施对居民家庭所在社区常住人口的影响、对居民家庭人均消费的影响以及对居民家庭参加新农合医保情况的影响。本书研究发现，交通基础设施的改善对居民家庭从事农业生产的概率有着显著的负向影响，通公路以后，居民家庭有从农业生产转向非农行业的趋势，这一趋势在高收入居民家庭和城镇居民家庭中表现得较为明显。

本章研究了公路基础设施改善对居民家庭由农业生产转向非农行业的具体作用机制，为政府制定更有效率的基础设施投资计划提供了参考，也有助于进一步激发微观市场主体的活力，增加市场中的劳动力供给。本章余下内容安排如下：第二部分回顾了中国农业劳动力转移背景，并回顾了这一领域的相关文献；第三部分介绍本书的估计策略、实证模型、数据来源及变量；第四部分给出实证结果并加以分析；第五部分为拓展分析，第六部分总结本章内容，并给出政策建议。

二、背景与文献

(一) 中国的农业劳动力转移

回顾中国历史，中国的劳动力转移主要经历了三个阶段。

第一个阶段是农业劳动力转移的起始阶段，自 1978 年家庭联产承包责任制的实施开始，到 20 世纪 90 年代初期为止。中华人民共和国成立初期，中国实行农产品统购统销制度和人民公社制度，规定粮食资源由国家严格控制，无法在私人市场上进行流通买卖，生产资料和公共财产为公社所有，按工资制和口粮供给制相结合方式进行分配。严苛的制度剥夺了农村居民家庭选择就业和居住地的权利，同时也限制了农村居民家庭的生产力。1978 年以后，中国开始在全国范围内推行家庭联产承包责任制，规定农民将指定数量的农产品上缴给国家后，余粮归农民自己所有，可在自由市场出售。这一改革在微观环节提高了对农业居民家庭的劳动激励，在宏观意义上提高了生产要素的资源配置效率，使农业劳动生产率迅速提高。改革以后，劳动力流动所受的限制大幅降低，农业劳动力剩余的现象开始显现出来。据估计，20 世纪 80 年代中期，中国农村有 30%～40%的劳动力剩余，绝对人数高达 1 亿～1.5 亿人。

第二个阶段是农业劳动力的扩大供给阶段，自 20 世纪 90 年代初期开始，到 21 世纪初期为止。20 世纪 90 年代初期，中国沿海地区的劳动密集型产业迅速发展，吸引了大量农业劳动力涌入；与此同时，中国的非公有制经济也快速成长起来，市场机制逐渐形成，要素资源配置效率不断提高，农业部门的廉价劳动力成为中国经济增长的巨大竞争优势，大量农民工涌入城市，推动了中国重工业和服务业的迅速发展。20 世纪 90 年代中后期，中国劳动力市场的发展进入新阶段，市场配置劳动力资源的机制不断完善，农民工日益获得均等的竞争就业机会。

第三个阶段是农业劳动力由无限供给转向有限供给、供给弹性不断下降的阶段，自 21 世纪初期开始。截至目前，中国仍处于这一阶段。这一阶段的突出特征是农业劳动力转移速度的下降。2004 年以后，中国农业劳动力转移的特征由无限供给转为有限供给，边际农业生产率由趋近于零变为正数，已跨过第一个刘易斯转折点（蔡昉，2018），改革开放释放出的巨大人口红利在 20 年间消耗殆尽，农业劳动力转移的趋势放缓。根据国家统计局发布的数据，2010 年以后，农民工总量增速不断下滑，由 2010 年的 5.4%下降至 2016 年的 1.5%，但与此同时，农业劳动生产率并没有获得较大攀升，相较于发达国家，截至目前，我国的农业就业人数占比仍然较高，人均收入水平和城镇化率均相对较低，仍然存在较大的发展空间。中国劳动力人口[①]占比在 2010 年达到 74.5%的峰值，此后逐年下降，而老龄人口[②]的比重却逐年上升，按照联合国标准，中国自 2001 年起进入老龄化社会。在人口年龄结构不足以支撑劳动力的持续供给时，为了推动中国经济持续增长，亟须寻找新的方式，促进中国农业劳动力的持续稳定转移，扩大优质劳动力供给。

---

① 指 15～64 岁人口。

② 指 65 岁及以上人口。

(二) 农业劳动力转移的影响因素：文献回顾

本部分讨论农业劳动力转移的影响因素。具体地，本书将既有文献中对农业劳动力转移影响因素的研究分成了三部分：一是有助于农业劳动力转移的影响因素；二是不利于农业劳动力转移的影响因素；三是既有文献中对农业劳动力转移呈现出矛盾结果的影响因素。

1. 有利因素

有利于农业劳动力转移的因素主要包括宗族关系网络、教育、农业生产率和农民工工资等。首先考虑关系网络对农业劳动力转移的影响。郭云南等 (2013) 基于原农业部固定观察点调查数据和中国经济研究中心的补充调查数据，考察宗族网络对转型期间农业劳动力转移的影响，研究发现，宗族网络强度对农业劳动力有显著影响，存在姓氏祠堂及家谱的家庭外出打工的可能性更高，宗族网络中的礼金往来为其中成员的劳动力转移提供了一种社会保险，从而促进外出打工。而基于中国家庭追踪调查数据的研究发现，关系网络对农村家庭成员外出就业具有显著的正向影响，而对城市家庭成员的影响不显著，关系网络能够为外出就业成员提供生活、情感和信息等方面的帮助，从而提高家庭成员外出就业的意愿 (张建华等，2015)。除了关系网络以外，教育水平也是影响农业劳动力转移的重要因素。基于 2005 年吉林省微观数据，使用 Logit 模型和 Mincer 模型的研究发现，农村劳动力受教育程度越高，其流动转移的倾向也越高 (王广慧、张世伟，2008)；而基于生存分析视角的研究发现，相较于女性劳动力，受教育程度对男性劳动力的流动倾向有着更为显著的正向影响 (张世伟、赵亮，2009)。诸如农民工工资 (丁守海，2006；Phan and Coxhead，2010) 和农业生产率等外部因素同样会推动农业劳动力转移，农业生产率提高释放出剩余劳动力向非农部门转移，而非农部门的进步又为农业技术进步提供了条件，促进农业生产率的提高和农业劳动力的进一步转移，形成农业部门与非农部门的联动发展 (徐建国、张勋，2016)。

2. 不利因素

不利于农业劳动力转移的因素主要为户籍和土地方面的限制。此外，农用机械参与和健康水平下降同样会对农业劳动力的转移造成负面影响。

首先考虑户籍制度对农业劳动力转移的限制。中国的户口制度严重限制了劳动力的流动（Bosker et al.，2012），导致大量农业劳动力的剩余（Au and Henderson，2006）。孙文凯等（2011）对2003—2006年的大中城市户籍制度改革效果进行检验，基于双重差分法（DID）的研究发现，户籍制度改革在引导农民工流动方面的作用有限。而根据我国城市常住人口数量，使用核密度估计进行数值模拟的研究结果发现：户籍制度阻碍了劳动力自由流动，使城市规模分布偏离了帕累托最优，户籍制度改革有助于优化我国城市层级体系（梁琦等，2013）。基于2000—2012年季度数据的贝叶斯估计结果表明：政府对户籍制度进行改革，可以降低农民工的迁移成本，无论从长期角度还是短期角度进行考虑，均有利于提高城乡居民的消费与收入，缩小城乡居民生活差距（张伟进等，2014）。除了户籍以外，土地因素也是影响劳动力流转的重要因素。有证据显示，土地租赁市场中，积极参与非农劳动力市场的家庭租用的土地较少（Kung，2002）。同一农户经营多块互不相邻的土地也会影响农业劳动力向非农部门转移。基于全国农村固定观察点的调查数据发现，这一"土地细碎化"的经营模式不仅降低了农户参与非农劳动供给的概率，还减少了农户的劳动供给时间，相较于兼职从事非农劳动，全职从事非农劳动所受到的影响更大（纪月清等，2016）。最后，健康水平下降（张世伟、赵亮，2009）和农用机械也是影响农业劳动力转移的不利因素。基于对安徽省353户家庭调查数据的分析表明，农业劳动力投入和小型农用机械投资是互补而非替代的关系，拥有小型机械的农民更有可能减少非农就业时间（Ji et al.，2012）。

3. 其他因素

除了上述因素，居民家庭所处的生命周期阶段和基于人与人之间长期互动所形成的社会信任也会对农业劳动力的转移产生影响。不同生命周期阶段的农村家庭劳动力非农转移的影响因素有明显差异（汪为、吴海涛，2017），农业劳动力转移的概率随家庭核心成员年龄的增长而逐渐减小，而当下一代家庭成员成长为成熟的劳动力时，农业劳动力转移的概率又会增大（林善浪、王健，2010）。基于2004年中国农村调查数据库，高虹和陆铭（2010）实证检验了社会信任对中国农村劳动力转移的影响，研究发现，社会信任对劳动力流动的影响整体呈现"U"形趋势，核心成员为年轻人的家庭农业劳动力转移的概率较高，随着市场化程度的提高，农业劳动力转移概率逐渐下降，在市场化程度达到一定水平之后，社会信任又会促进劳动力的流动。

三、实证策略、模型与变量

（一）策略与模型

根据国民经济和社会发展战略部署，原交通部于"八五"计划期间提出了公路建设的长远目标规划，计划从 1991 年开始到 2020 年，建成"五纵七横"国道主干线，连接 100 万人以上的特大城市和绝大多数 50 万人以上的中等城市，形成一个主要由高等级公路组成的快速、高效、安全的国道主干线系统。此后，中国的等级公路存量快速增长。截至 2021 年，中国境内的公路里程已达 528.07 万公里，其中等级公路里程的长度为 506.19 万公里（如图 7.1 所示）。

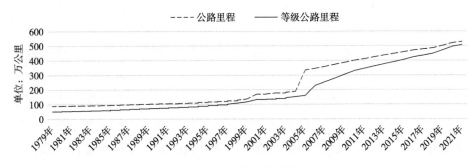

图 7.1 中国公路里程

资料来源：国家统计局网站（https：//data. stats. gov. cn）。

理论上，可以基于面板固定效应模型，利用双重差分法（DID），研究通公路对居民家庭由农业生产转向非农行业的影响。

双重差分法通常被用于评估某项政策或事件对实施对象的影响，是经济学领域中被广泛运用的计量方法。在本章的具体做法为，通过虚拟变量 *road* 区分公路基础设施接通前后的差异以及实验组居民家庭样本和控制组居民家庭样本的差异①，通过估计这一核心解释变量的系数来获得公路接通对居民家庭从事农业生产概率的净影响。双重差分法的使用需要满足两个前提假设：一是保证公路接通的外生性；二是保证样本选择的随机性。理想情况下，除公路是否接通之外，实验组居民家庭和控制组居民家庭在其他方面不应存在明显的差异化趋势。为了满足双重差分法的应用条件，本书将在 2010 年当年及之前年份接通公路的样本全部删除，保证实验组样本和控制组样本在样本区间的第一年（2010 年）均处于未接通公路的状态。

具体模型如下：

$$agri\_fam_{it} = \beta_0 + \beta_1 \cdot road_{it} + \gamma \cdot X_{it} + \alpha_i + \lambda_t + \varepsilon_{it} \qquad (7.1)$$

式中：$agri\_fam_{it}$ 代表居民家庭 i 在 t 年从事农业生产的哑变量；$road_{it}$ 代表 i 家庭所在社区在 t 年是否通公路的哑变量，若通公路，该变量取值为 1，否则为 0；β_0 是常数项；X_{it} 是代表家庭特征的一系列控制变量；γ 为系列控制变量的系数；α_i 代表家庭个体固定效应；λ_t 是时间固定效应；ε_{it} 是误差项。核心解释哑变量的系数 β_1 是本书主要关注的对象，这一系数反映出接通公路对居民家庭从事农业生产概率的影响。

（二）数据来源与变量

中国家庭追踪调查（CFPS）数据来源于北京大学社会科学调查中心。通过问卷调查跟踪收集中国家庭在个体、家庭和社区三个层次上的数据，可用于进行社会、经济、人口、教育以及健康方面的研究，有助于科学研究以及公共政策的制定。CFPS 团队于 2010 年启动正式调查，样本家庭涵盖中国 25 个省、自治区、直辖市。2010 年样本调查中的所有成员被设定为 CFPS 的基线家庭成员，其自身及血缘/领养子女将成为 CFPS 的基因成员，被永久追踪调查和访问。截至 2023 年 9 月，CFPS 项目已在其网站上公布了 2010 年、2012 年、2014 年、2016 年、2018 年和 2020 年共六期的数据，其中 2010 年和 2014 年同时提供了社区（村落）调查数据和家庭调

---

① 一般而言，双重差分模型中的实验组样本指在整个样本区间内受到政策变化（事件发生）影响的地区，而控制组样本指在整个样本区间内未受到政策变化（事件发生）影响的地区。在本书中，对不同的居民家庭样本而言，公路接通的年份存在差异，因而仅用公路接通这一虚拟变量就可区别公路接通前后受到影响的实验组家庭样本和未受影响的控制组家庭样本。

查数据，方便衡量农村居民家庭所在村落的通公路状况。基于此，本书将2010 年、2012 年和 2014 年家庭数据与村落数据合并，使用三期面板数据进行回归。在剔除无效样本、对连续变量进行上下各 0.5% 的数据缩尾后，共得到约 21 718 次观察结果。

主要变量的描述性统计见表 7.1。

表 7.1　主要变量的描述性统计

变量名	变量含义	样本量	均值	标准误	最小值	最大值
a. 被解释变量						
agri_fam	家庭从事农业生产	21 711	0.458	0.498	0	1
b. 解释变量						
road	通公路	21 718	0.114	0.317	0	1
c. 控制变量						
edu	户主受教育程度	20 834	2.763	1.398	1	7
age	户主年龄	20 748	50.490	13.950	2	97
marrige	户主婚姻状况	20 816	0.867	0.340	0	1
debt	家庭存在非房贷贷款	21 709	0.214	0.410	0	1
familysize	家庭常住人口规模	21 707	4.054	1.867	1	26
labor_p	家庭劳动年龄人口比例	20 834	64.850	31.680	0	100
lfincome	家庭人均收入（元）	19 617	12 866	14 671	50	95 100
lexpense-fam	家庭人均支出（元）	19 602	14 696	17 821	601	125 300

在被解释变量方面，在衡量公路基础设施改善对于农业劳动力转移的影响时，主要使用家庭是否从事农业生产（$agri\_fam$）这一虚拟变量作为回归的被解释变量，若家庭当年从事农业生产，则变量 $agri\_fam$ 取值为 1，若家庭当年不从事农业生产，则变量 $agri\_fam$ 取值为 0。倘若家庭从事农业生产的概率降低，则意味着有更多的农业劳动力向非农部门发生了转移。

在控制变量的选取方面，主要使用家庭户主和家庭总体两个层面的变量来控制影响家庭消费的其他特征。其中，户主层面的控制变量主要包括户主的年龄、婚姻状况和受教育程度。具体来看，定义变量 age 作为反映户主年龄状况的连续变量。而 *marriage* 则是反映户主婚姻状况的哑变量，若户主已婚，该变量取值为 1，否则为 0。户主受教育程度用变量 *edu* 来衡量，*edu* 为取值范围在 1~7 的整数范围内的数值变量，分别代表从文盲至研究生的教育水平[①]。

家庭总体层面的控制变量有 5 个，分别是家庭人均支出（*lexpense_fam*）、家庭存在非房贷贷款（*debt*）、家庭人均收入（*lfincome*）、家庭常住人口规模（*familysize*）以及家庭劳动年龄人口比例（*labor_p*）。家庭人均支出是代表家庭消费水平的连续变量，用变量 *lexpense_fam* 表示。若家庭目前仍存在非房贷的消费型金融贷款，则变量 *debt* 取值为 1，否则为 0。家庭人均收入是代表家庭收入水平的连续变量，用变量 *lfincome* 表示。家庭常住人口规模（*familysize*）反映的是同灶吃饭的家庭人口数量。家庭劳动年龄人口比例（*labor_p*）则是 16~60 岁的家庭成员占家庭总成员的比例，反映家庭可以从事生产经营工作的人员比例。为使数据平滑，避免产生较大的误差，在具体回归时，对家庭人均支出和家庭人均收入进行了对数化处理。

四、实证结果与分析

在实证部分，本章首先报告了以家庭是否从事农业作为被解释变量的基准分析结果；其次进行稳健性分析，将可能会对回归结果产生干扰的样本排除，检验基准回归结果的稳健性；最后将总体样本按照收入和居住类型特征进行分类，报告了不同收入等级和不同居住类型家庭的异质性分析结果。

（一）基准回归

首先以代表居民家庭从事农业生产的虚拟变量 *agri_fam* 作为被解释变量，考察通公路对居民家庭从事农业生产概率的影响，若核心解释变量 *road* 的系数为负，则意味着通公路对居民家庭从事农业生产的概率存在负面影响，即更多的家庭选择了从农业生产转向非农行业。基准回归结果

---

① 其中，*edu* 取值为 1 代表的教育水平为文盲/半文盲，*edu* 取值为 2 代表的教育水平为小学，*edu* 取值为 3 代表的教育水平为初中，*edu* 取值为 4 代表的教育水平为高中/中专/技校/职高，*edu* 取值为 5 代表的教育水平为大专，*edu* 取值为 6 代表的教育水平为大学本科，*edu* 取值为 7 代表的教育水平为硕士及以上。

如表 7.2 所示。

表 7.2 基准回归结果

被解释变量	agri_fam			
	（1）	（2）	（3）	（4）
road	−0.027 8 ***	−0.027 6 ***	−0.027 2 ***	−0.028 3 ***
	（0.008 6）	（0.008 6）	（0.009 2）	（0.009 3）
age		−0.000 3		−0.000 1
		（0.000 3）		（0.000 4）
marrige		0.061 8 ***		0.048 1 ***
		（0.011 7）		（0.013 3）
edu		0.005 2 **		0.007 3 ***
		（0.002 5）		（0.002 8）
debt			0.034 0 ***	0.033 8 ***
			（0.007 0）	（0.007 1）
lexpense_fam			−0.001 6	−0.002 1
			（0.004 1）	（0.004 2）
lfincome			0.014 5 ***	0.014 5 ***
			（0.002 7）	（0.002 7）
familysize			0.012 6 ***	0.010 3 ***
			（0.003 1）	（0.003 2）
labor_p			0.000 1	0.000 1
			（0.000 2）	（0.000 2）
常数项	0.475 9 ***	0.434 2 ***	0.321 1 ***	0.277 3 ***
	（0.003 1）	（0.022 1）	（0.045 1）	（0.052 4）
R^2	0.008 4	0.011 5	0.017 5	0.019 6
样本量	21 711	20 739	17 760	17 693

注：括号内为标准误，＊代表 $p<0.1$，＊＊代表 $p<0.05$，＊＊＊代表 $p<0.01$。回归中均控制了年份固定效应与家庭个体固定效应。受篇幅所限，时间项的回归结果未予列出。

表 7.2 中的第（1）列至第（4）列为渐次加入控制变量的回归结果，其中，第（1）列未添加除固定效应以外的控制变量，第（2）列添加了代

表户主特征的控制变量，第（3）列在第（1）列的基础上添加了代表家庭特征的控制变量，而第（4）列添加了包括户主特征和家庭特征在内的一系列家庭特征变量。

由表中结果可得，在使用面板固定效应模型进行回归的时候，核心解释变量 road 的系数在表中第（1）列至第（4）列均是负向显著的，这一结果在1%的水平下显著，且结果相对稳健，对控制变量不敏感。这表明，通公路显著降低了样本家庭从事农业生产的概率，即通公路之后，更多居民家庭选择了由农业生产转向从事非农行业。

（二）稳健性检验

基于基准分析的回归结果显示，通公路这一交通基础设施的改善使得居民家庭从事农业生产的概率降低。值得注意的是，在样本区间内，除了公路以外，铁路基础设施建设也达到了一个快速增长的阶段，在2010年，我国的铁路营运里程为9.12万公里，到2014年，这一指标为11.18万公里，这期间的年均增长率达到5.22%。如果不考虑铁路对居民家庭的影响，则有可能高估通公路对农业劳动力转移的影响。

因此，在本部分，在基准回归的基础上，排除了在样本区间内接通铁路网络的村居样本，重新进行回归，表7.3给出了这一回归的结果。与表7.2中基准回归的结果类似，在排除通铁路样本的情况下，基准回归中的结论依然成立，回归系数的显著性水平未发生改变。因此，可以排除农业劳动力转移由铁路通行带来的假设，表7.2中的回归结果稳健。

表 7.3　稳健性检验 1：排除通铁路样本

被解释变量	agri_fam			
	（1）	（2）	（3）	（4）
road	−0.030 0 ***	−0.029 3 ***	−0.028 7 ***	−0.029 8 ***
	（0.008 7）	（0.008 8）	（0.009 4）	（0.009 5）
age		−0.000 3		0.000 0
		（0.000 3）		（0.000 4）
marrige		0.058 3 ***		0.048 0 ***
		（0.011 9）		（0.013 5）

被解释变量	agri_fam			
	(1)	(2)	(3)	(4)
edu		0.004 5*		0.006 6**
		(0.002 6)		(0.002 8)
debt			0.034 4***	0.034 1***
			(0.007 1)	(0.007 1)
lexpense_fam			−0.002 3	−0.002 6
			(0.004 2)	(0.004 2)
lfincome			0.014 2***	0.014 2***
			(0.002 7)	(0.002 7)
familysize			0.011 2***	0.009 0***
			(0.003 2)	(0.003 2)
labor_p			0.000 1	0.000 0
			(0.000 2)	(0.000 2)
常数项	0.469 5***	0.431 4***	0.331 2***	0.282 4***
	(0.003 1)	(0.022 3)	(0.045 8)	(0.053 2)
R^2	0.008 3	0.011 1	0.016 9	0.018 9
样本量	21 119	20 164	17 291	17 224

注：括号内为标准误，* 代表 $p<0.1$，** 代表 $p<0.05$，*** 代表 $p<0.01$。回归中均控制了年份固定效应与家庭个体固定效应。受篇幅所限，时间项的回归结果未予列出。

除了通铁路以外，还有一个需要考虑的因素就是家庭的迁移。随着家庭的迁移，家庭所面临的基础设施环境也将有所改变，此时，迁移样本家庭从事行业发生改变的影响因素复杂多样，可能并不是由于公路基础设施改善而导致的，如果将这一部分样本包括进去，可能得到有偏的回归结果。为了排除迁移样本家庭对回归结果的影响，本部分将样本区间内家庭住址发生迁移的样本剔除，仅保留在 2010 年、2012 年以及 2014 年家庭所属村落（社区）代码没有发生改变的样本，重新进行异质性回归分析，结果如表 7.4 所示。从表 7.4 中的回归结果可以看到，在排除迁移家庭样本之后，回归系数的显著性水平和绝对值大小均未发生较大的改变。因此，表 7.2 中的回归结果依然稳健。

表 7.4　稳健性检验 2：排除迁移家庭样本

被解释变量	agri_fam			
	（1）	（2）	（3）	（4）
road	−0.028 7 ***	−0.029 2 ***	−0.030 2 ***	−0.031 3 ***
	(0.008 7)	(0.008 7)	(0.009 3)	(0.009 4)
age		−0.000 1		0.000 1
		(0.000 3)		(0.000 4)
marrige		0.063 6 ***		0.040 7 ***
		(0.012 3)		(0.014 0)
edu		0.005 7 **		0.007 8 ***
		(0.002 6)		(0.002 9)
debt			0.034 2 ***	0.034 2 ***
			(0.007 3)	(0.007 4)
lexpense_fam			−0.001 8	−0.002 1
			(0.004 3)	(0.004 3)
lfincome			0.015 4 ***	0.015 5 ***
		(0.002 8)	(0.002 8)	(0.002 8)
familysize			0.012 7 ***	0.011 0 ***
			(0.003 3)	(0.003 3)
labor_p			0.000 1	0.000 1
			(0.000 2)	(0.000 2)
常数项	0.484 5 ***	0.430 7 ***	0.322 0 ***	0.267 9 ***
	(0.003 2)	(0.023 0)	(0.046 9)	(0.054 4)
R^2	0.009 0	0.012 2	0.018 2	0.020 1
样本量	19 794	18 974	16 226	16 162

注：括号内为标准误，＊代表 $p<0.1$，＊＊代表 $p<0.05$，＊＊＊代表 $p<0.01$。回归中均控制了年份固定效应与家庭个体固定效应。受篇幅所限，时间项的回归结果未予列出。

在上述回归中，基于面板固定效应模型，使用双重差分模型研究公路接通对居民家庭从事农业生产概率的影响。使用这一模型的好处是，可以得到公路接通对居民家庭从事农业生产概率的净影响。但值得注意的是，在基准回归模型中，核心被解释变量 *agri_fam* 是一个取值为 0 或 1 的二元变量，在被解释变量中含有大量取值为 0 的值的时候，也可以使用面板二值选择模型（xtlogit 模型）进行回归，若核心解释变量 *road* 的系数在面板二值选择模型中的回归结果仍然为负，则说明基准回归中的结果不因模型的变化而改变，通公路对居民家庭从事农业生产的负向效应显著。在控制了家庭个体固定效应和年份固定效应之后，回归结果如表 7.5 所示。

表 7.5　稳健性检验 3：基于 xtlogit 模型回归

被解释变量	*agri_fam*			
	（1）	（2）	（3）	（4）
road	−0.305 1 **	−0.313 6 **	−0.276 7 *	−0.294 2 *
	（0.131 3）	（0.134 1）	（0.155 0）	（0.156 5）
age		−0.006 1		−0.001 3
		（0.005 0）		（0.006 0）
marrige		0.812 7 ***		0.581 9 ***
		（0.177 2）		（0.220 6）
edu		0.085 9 **		0.121 3 ***
		（0.039 8）		（0.046 2）
debt			0.576 4 ***	0.566 9 ***
			（0.128 2）	（0.129 7）
lexpense_fam			−0.004 5	−0.018 0
			（0.066 5）	（0.067 4）
lfincome			0.152 1 ***	0.144 9 ***
			（0.038 8）	（0.039 1）
familysize			0.173 3 ***	0.132 1 **
			（0.052 2）	（0.053 6）
labor_p			0.001 2	0.001 1
			（0.003 0）	（0.003 0）
样本量	3 536	3 434	2 489	2 478

注：括号内为标准误，* 代表 $p<0.1$，** 代表 $p<0.05$，*** 代表 $p<0.01$。回归中均控制了年份固定效应与家庭个体固定效应。受篇幅所限，时间项的回归结果未予列出。

从表7.5中的回归结果可以看到，在使用面板二值选择模型替代面板固定效应模型之后，回归样本大幅减少①，但核心解释变量 *road* 的系数依然负向显著，且相较于面板固定效应模型，回归系数的绝对值大幅增加。这一结果说明，交通基础设施改善对居民家庭从事农业生产有显著的负向影响，通公路以后，居民家庭从事农业生产的概率大幅下降。

（三）异质性分析

由上述分析可得，在控制了时间固定效应和家庭个体固定效应的前提下，通公路显著地降低了居民家庭从事农业生产的概率。考虑到不同居民家庭的收入差异明显，这种农业劳动力转移效应在不同收入特征的居民家庭中可能表现出不一样的性质。为了获得更为翔实的回归结果，本部分将基准回归中的样本分成高收入家庭和低收入家庭，对两类家庭样本分别进行回归，考察通公路的农业劳动力转移效应在不同收入家庭样本中的差异。为了排除其他因素的干扰，仅使用样本初始年份的收入数据对样本家庭进行分类。具体做法是：按照各个家庭在样本初始年份②的人均收入分位点进行分类，2010年家庭人均可支配收入低于50%分位点（3 750元）的家庭在整个样本区间均被定义为低收入家庭，2010年家庭人均可支配收入高于50%分位点的家庭在整个样本区间均被定义为高收入家庭。不同收入家庭样本的回归结果如表7.6所示。

表7.6　异质性分析1：对不同收入家庭的影响

被解释变量	agri_fam			
	（1）	（2）	（3）	（4）
road	−0.030 3 **	−0.037 0 ***	−0.019 1	−0.014 0
	（0.012 3）	（0.013 6）	（0.012 5）	（0.013 2）
age		0.000 3		−0.000 2
		（0.000 5）		（0.000 6）

---

① 由于模型中添加了家庭个体固定效应，因此被解释变量在整个样本区间内均未发生变化的居民家庭样本被剔除，这意味着使用 xtlogit 模型进行回归时，参与回归的居民家庭样本在样本区间内至少发生了一次由农业生产到非农行业的转变，或者由非农行业转向农业生产。

② 在本书中为2010年。

续表

被解释变量	agri_fam			
	(1)	(2)	(3)	(4)
marrige		0.022 6		0.077 9 ***
		(0.016 3)		(0.021 6)
edu		0.014 5 ***		0.001 9
		(0.003 8)		(0.004 1)
debt		0.015 1		0.046 6 ***
		(0.009 6)		(0.010 4)
lexpense_fam		0.003 8		-0.007 1
		(0.005 4)		(0.006 4)
lfincome		0.017 8 ***		0.016 0 ***
		(0.003 9)		(0.004 0)
familysize		0.012 2 ***		0.008 3 *
		(0.004 4)		(0.004 7)
labor_p		0.000 0		0.000 2
		(0.000 2)		(0.000 3)
常数项	0.310 3 ***	-0.017 9	0.716 1 ***	0.540 1 ***
	(0.003 8)	(0.072 9)	(0.005 0)	(0.076 5)
R^2	0.005 5	0.019 4	0.012 1	0.025 0
样本量	12 893	9 988	8 818	7 705

注：括号内为标准误，* 代表 $p<0.1$，** 代表 $p<0.05$，*** 代表 $p<0.01$。回归中均控制了年份固定效应与家庭个体固定效应。受篇幅所限，时间项的回归结果未予列出。

表中的第（1）列和第（2）列是高收入家庭样本的回归结果，第（3）列和第（4）列是低收入家庭样本的回归结果。由表 7.6 中的回归结果可以发现：通公路对高收入家庭样本和低收入家庭样本从事农业生产的概率产生截然不同的影响。对高收入家庭而言，通公路的农业劳动力转移效应较为明显，通公路之后，居民家庭从事农业生产的概率明显下降，且这一负向的回归系数在 1% 的水平下显著；对低收入家庭而言，通公路的农业劳动力转移效应并不明显，尽管核心解释变量 road 的回归系数符号为负，但并不显著，通公路以后，低收入居民家庭从事农业生产的概率并未发生明显的改变，这意味着公路基础设施的改善并未促进低收入居民家庭农业劳动力的转移。这一结果产生的原因在于，与高收入居民家庭相比，低收入居民家庭的生存不确定性更大，对风险的承受能力更低，对这类居民家庭而言，从事非农劳动的机会成本更高。因此，在风险约束的前提之下，出于对未知劳动风险的规避，低收入家庭更倾向于选择继续从事农业劳动。

除了收入因素以外，居民家庭所处的社区类型也是值得考虑的一个因素。上述回归并未区分城镇居民家庭和农村居民家庭。但在实际情况中，相较于城镇居民家庭，农村居民家庭拥有土地等农业生产资料的门槛相对较低，因而更有可能从事农业生产，通常情况下，城镇居民家庭需要通过土地租赁、雇工等方式才可以从事农业生产，生产成本远高于农村居民家庭。由此可以推出，公路基础设施的改善对两类居民家庭的影响存在差异。

CFPS 数据披露了居民家庭所处社区在各个年份的城乡性质，基于此，可以分别对城镇居民家庭和农村居民家庭进行回归，考察公路接通对两类居民家庭农业劳动力转移的差异化影响。表 7.7 分别给出了不同居住类型的居民家庭的回归结果，其中第（1）列和第（2）列是城镇居民家庭的回归结果，第（3）列和第（4）列则为农村居民家庭的回归结果。

表 7.7　异质性分析 2：对不同居住类型家庭的影响

被解释变量	agri_fam			
	（1）	（2）	（3）	（4）
road	−0.066 5***	−0.069 0***	−0.021 0*	−0.024 2*
	(0.014 3)	(0.015 6)	(0.011 9)	(0.012 8)
age		0.000 1		−0.000 3
		(0.000 5)		(0.000 6)
marrige		0.002 2		0.090 5***
		(0.015 9)		(0.022 3)
edu		0.003 5		0.010 0**
		(0.003 8)		(0.004 1)

续表

被解释变量	agri_fam			
	(1)	(2)	(3)	(4)
debt		0.040 7 ***		0.026 1 **
		(0.010 0)		(0.010 2)
lexpense_fam		−0.002 0		−0.001 2
		(0.005 6)		(0.006 3)
lfincome		0.004 5		0.020 1 ***
		(0.003 6)		(0.004 1)
familysize		0.013 3 ***		0.008 9 *
		(0.004 6)		(0.004 6)
labor_p		−0.000 1		0.000 2
		(0.000 2)		(0.000 3)
常数项	0.238 0 ***	0.152 8 **	0.764 7 ***	0.486 5 ***
	(0.003 7)	(0.071 5)	(0.005 0)	(0.077 9)
R^2	0.014 5	0.026 1	0.005 3	0.019 5
样本量	11 686	9 463	9 773	8 084

注:括号内为标准误,∗代表 $p<0.1$,∗∗代表 $p<0.05$,∗∗∗代表 $p<0.01$。回归中均控制了年份固定效应与家庭个体固定效应。受篇幅所限,时间项的回归结果未予列出。

从表7.7的结果来看,不论是城镇居民家庭还是农村居民家庭,接通公路均会使其从事农业生产的概率下降。这表明,对两类居民家庭而言,通公路均会产生显著的农业劳动力转移效应。

横向比较来看,相较于农村居民家庭,通公路对城镇居民家庭的农业劳动力转移效应更加明显,通公路之后,城镇居民家庭从事农业生产的概率下降了0.069 0,这一负向效应在1%的水平下显著,而农村居民从事农业生产的概率则下降了0.024 2,且这一系数仅在10%的水平下显著。这一结果与前文的理论分析相符。通公路以后,由于交通运输条件便利,部分生产资料的价格降低,与外界沟通、从事生产经营活动的成本也有所下降。在付出相同生产成本的前提下,城镇居民家庭更有可能发生农业劳动力转移,从事非农经营工作,以获取更多收入。而农村居民家庭从事农业生产的成本较低，转换行业的门槛较高，短时间内更趋向于维持原状，继续从事农业生产。

五、拓展分析

由前文研究结果可知，通公路使居民家庭从事农业生产的概率下降，从农业职业转向了非农职业。然而，农业劳动力的转移基于何种方式，通过何种机制和渠道发生，目前仍不清晰，本部分对上述研究结果进行拓展分析。劳动力转移可能表现为由本地区范围内的农业部门向非农部门转移，即农村非农化，也可能表现为本地区农业劳动力向发达地区流入。为了检验具体的转移方式，本部分首先以居民家庭所在社区常住人口（czrk）作为被解释变量①，讨论了公路接通对社区常住人口的影响。此外，本部分重点讨论了公路基础设施对居民家庭职业转变发生作用的两个渠道——消费渠道和风险，分别使用新的被解释变量替代基准回归中的被解释变量，对上述渠道进行验证，给出公路基础设施改善对居民家庭职业转变可能的作用机制。

（一）转移方式：就地转移还是异地转移？

公路基础设施的改善使得居民家庭农业劳动力向非农部门转移，这种转移基于何种方式完成，有待实证检验。一种可能是，交通基础设施改善使得居民家庭所在市场范围扩大，市场范围的扩大促进了劳动的分工与多样化，居民家庭从事零售、加工等非农行业的门槛降低，从而使得居民家庭在未离开原有社区的情况下，成功实现农业部门非农化。另一种可能是，交通基础设施的改善推动了物资与劳动力等生产要素在空间上的重新配置，发达地区相对较高的收入、教育水平和基础设施水平，吸引了交通基础设施改善地区农业劳动力的流入，从而发生农业劳动力的异地转移。

为了验证农业劳动力转移的具体方式，本部分用居民家庭所在社区的常住人口替代基准回归中的被解释变量，考察公路基础设施改善对社区常住人口的影响。若社区常住人口随公路接通而减少，一定程度上可以验证农业劳动力的外流现象。

---

① 单位为千人。

回归结果如表7.8所示。公路接通以后，居民家庭所在社区的常住人口显著减少，在加入全部控制变量以后，社区人口平均减少约340人。常住人口的减少表明，公路基础设施改善有助于劳动力资源的空间范围再配置，使得农业劳动力向发达地区转移。

表 7.8　拓展分析 1：对社区常住人口的影响

被解释变量	czrk			
	（1）	（2）	（3）	（4）
road	−0.299 1 ***	−0.296 7 ***	−0.344 1 ***	−0.340 3 ***
	（0.066 0）	（0.066 2）	（0.074 5）	（0.074 6）
age		0.007 4 **		0.003 9
		（0.003 0）		（0.003 5）
marrige		−0.020 5		0.003 1
		（0.104 1）		（0.123 4）
edu		−0.033 3		−0.039 7 *
		（0.020 4）		（0.023 8）
debt			0.065 2	0.064 8
			（0.069 5）	（0.069 6）
lexpense_fam			0.082 7 **	0.087 8 **
			（0.040 5）	（0.040 5）
lfincome			0.025 5	0.027 8
			（0.027 1）	（0.027 1）
familysize			−0.078 9 ***	−0.074 8 ***
			（0.026 4）	（0.027 0）
labor_p			0.001 7	0.001 7
			（0.001 3）	（0.001 3）
常数项	3.575 6 ***	3.313 1 ***	2.785 6 ***	2.613 7 ***
	（0.018 8）	（0.192 6）	（0.432 5）	（0.494 1）
R^2	0.013 6	0.015 7	0.021 8	0.022 9
样本量	12 680	12 557	11 188	11 180

注：括号内为标准误，* 代表 $p<0.1$，** 代表 $p<0.05$，*** 代表 $p<0.01$。回归中均控制了年份固定效应与家庭个体固定效应。受篇幅所限，时间项的回归结果未予列出。

（二）驱动因素：消费驱动还是健康风险降低？

具体来看，交通基础设施对农业劳动力转移的影响可能通过两个渠道进行。第一个渠道是消费驱动渠道。当交通基础设施落后时，区域内部商品交易市场的发展往往也比较落后，与外部市场的连通性较低，可供交易的商品有限，由于运输成本高昂，仅有的商品也存在售价较高的特点，消费品的供给水平较差，居民的消费水平受到严重制约。基于农户家庭调查横截面数据的分析支持了这一机制，认为基础设施严重不足制约了中国农户家庭的家电所有量（荣昭等，2002）。当区域交通基础设施得到改善时，外部商品进入区域内部市场的成本大大降低。基于尼日尔粮食市场的研究佐证了这一猜想，认为2000—2006年移动电话的普及解释了尼日尔谷物价格下降的10%~16%，主要通过降低信息不对称的程度和市场价格离散程度来进行（Aker，2010）。区域内部与外部的市场分割性得到改善，相较于从前，更多物美价廉的商品进入区域内部市场，交通基础设施的改善优化了区域内的消费品供给，居民家庭消费不再受到供给水平的制约，因而消费行为发生改变。而这种由交通基础设施引起的市场改善和消费变化往往是即时的，在居民可支配收入不变的前提下，居民家庭原有的收支模式被打破，消费需求的增长催生农业劳动力转向收入更高的非农部门。基于以上分析，本书提出理论假说7.1：

假说7.1：通公路通过降低运输成本而优化居民家庭所面临的市场供给，影响居民家庭的消费行为，进而驱动农业劳动力转移。

为了验证这一渠道，本书以居民家庭人均消费（expense）替代基准回归中的被解释变量，回归结果如表7.9所示。在添加了全部控制变量以后，公路接通促使居民家庭的人均消费发生显著的增加，平均增加约5.69%。这一结果表明，公路基础设施的改善引发了居民消费水平的即时上涨，从而驱动居民家庭农业劳动力向收入更高的非农部门转移。

表7.9　拓展分析2：对家庭人均消费的影响

被解释变量	expense			
	（1）	（2）	（3）	（4）
road	0.056 1**	0.053 7**	0.058 0**	0.056 9**
	(0.022 7)	(0.022 8)	(0.022 9)	(0.022 9)

续表

被解释变量	expense			
	(1)	(2)	(3)	(4)
age		-0.005 3***		-0.006 5***
		(0.000 9)		(0.000 9)
marrige		-0.057 3*		0.034 8
		(0.031 9)		(0.032 8)
edu		0.014 0**		0.016 5**
		(0.006 8)		(0.006 8)
debt			0.230 7***	0.226 7***
			(0.017 3)	(0.017 3)
lfincome			0.072 8***	0.070 1***
			(0.006 6)	(0.006 6)
familysize			-0.129 3***	-0.134 4***
			(0.007 7)	(0.007 8)
labor_p			0.001 5***	0.001 4***
			(0.000 4)	(0.000 4)
常数项	8.820 1***	9.074 3***	8.495 7***	8.788 6***
	(0.008 3)	(0.059 3)	(0.070 4)	(0.092 7)
R^2	0.171 1	0.178 2	0.231 9	0.237 2
样本量	19 602	18 773	17 760	17 693

注：括号内为标准误，＊代表 $p<0.1$，＊＊代表 $p<0.05$，＊＊＊代表 $p<0.01$。回归中均控制了年份固定效应与家庭个体固定效应。受篇幅所限，时间项的回归结果未予列出。

交通基础设施对于农业劳动力转移的第二个作用渠道是风险渠道。交通基础设施建设在改善区域内部与外部市场连通性的同时，在绝大多数情况下，区域内公共基础设施的服务质量将得到显著提升。以区域内公共卫生医疗保障水平的提高为代表，对于一个风险约束型劳动者来说，相较于农业生产，从事非农职业意味着更大的不确定性、更高的健康风险，而医疗保障水平的提高意味着从事非农职业的健康风险降低，从而引发劳动者由农业生产向非农部门转移。基于以上分析，本书提出理论假说7.2：

假说7.2：通公路通过提高区域内的公共服务水平，降低劳动风险，驱使农业劳动力向非农部门转移。

为了验证假说7.2，本书以居民家庭的新农合参保情况（xnh）替代基准回归中的被解释变量进行回归。居民家庭的健康水平可以用新农合参保情况来衡量（毛捷、赵金冉，2017）。相较于未参加新农合医保的家庭，参加新农合医保家庭的健康水平有所保障，由农业生产转向非农行业的劳动风险更低，更易发生农业劳动力的转移。具体地，若家庭中有成员参加新农合医保，则该变量取值为1；若家庭中没有成员参加新农合医保，则该变量取值为0。

公路基础设施对居民家庭新农合参保情况的回归结果如表7.10所示。在添加全部控制变量以后，公路基础设施显著地提升了居民家庭的新农合参保概率，居民家庭的健康水平得到保障，从事非农行业的风险降低，从而驱动更多的居民家庭选择由农业生产转向非农行业，实现了农业劳动力的转移。

表 7.10　拓展分析 3：对新农合参保情况的影响

被解释变量	xnh			
	（1）	（2）	（3）	（4）
$road$	0.029 5 ***	0.029 4 ***	0.029 3 ***	0.029 0 ***
	(0.008 9)	(0.008 9)	(0.009 4)	(0.009 4)
age		0.000 4		0.000 9 **
		(0.000 3)		(0.000 4)
$marrige$		0.001 1		−0.006 2
		(0.012 1)		(0.013 4)
edu		0.002 5		0.001 0
		(0.002 6)		(0.002 8)
$debt$			−0.000 9	−0.001 2
			(0.007 1)	(0.007 1)
$lexpense\_fam$			0.014 0 ***	0.014 8 ***
			(0.004 2)	(0.004 2)
$familysize$			0.006 6 **	0.007 8 **
			(0.003 2)	(0.003 2)

续表

被解释变量	xnh			
	（1）	（2）	（3）	（4）
labor_p			−0.000 1	−0.000 1
			（0.000 2）	（0.000 2）
常数项	0.594 6 ***	0.567 3 ***	0.459 6 ***	0.407 9 ***
	（0.003 1）	（0.023 0）	（0.041 8）	（0.049 5）
R^2	0.014 7	0.015 5	0.016 1	0.017 0
样本量	20 353	20 009	18 203	18 131

注：括号内为标准误，＊代表 $p<0.1$，＊＊代表 $p<0.05$，＊＊＊代表 $p<0.01$。回归中均控制了年份固定效应与家庭个体固定效应。受篇幅所限，时间项的回归结果未予列出。

六、本章小结

既有文献从不同角度研究了农业劳动力转移的影响因素。值得注意的是，基础设施建设与农业劳动力转移究竟是互补关系还是替代关系，既有文献尚未达成一致。造成这一结果的原因可能是：既有文献大多从户籍、教育、土地资源等视角讨论农业劳动力转移的影响因素，较少关注基础设施对农业劳动力转移的影响，特别是交通基础设施在农业劳动力转移中起到的作用，截至目前，尚无文献基于微观角度对此展开详细论述。除此之外，研究交通基础设施对农业劳动力转移的作用，还需考虑其他因素对劳动力转移的影响，除了交通基础设施以外，教育、农业生产率的提高等要素均会促进农业劳动力转向非农部门，这将会导致模型估计产生偏误，高估交通基础设施对农业劳动力转移的影响。

针对既有文献存在的以上问题，本书基于中国家庭追踪调查（CFPS）面板数据库，将通公路作为一项准自然实验，使用双重差分法（DID）研究交通基础设施对农业劳动力转移的影响，并验证这一转移现象的具体作用渠道，在丰富相关领域研究的同时，为政策制定者制定更加有效的基础设施投资计划提供了参考。

本章所得结论主要包括：首先，在总体上，通公路这一交通基础设施的改善显著促进了居民家庭由农业生产转向非农行业。其次，考察通公路对不同特征居民家庭的差异化影响，得出结论为，高收入居民家庭的职业选择更容易受到公路基础设施改善的影响；此外，相较于农村居民家庭，居住在城镇的居民家庭在公路接通以后，更容易由农业生产转向非农行业。最后，拓展分析的结果发现，从转移方式上看，公路基础设施主要通过资源再配置作用，使得改善地区的农业劳动力发生了异地迁移。从转移机制上看，公路基础设施主要通过两个渠道对家庭的消费行为产生影响。第一个是消费驱动渠道，公路接通之后，由于运输成本降低，家庭所在市场的供给水平得到了明显的提升，使得家庭的消费行为发生即时的改变，从而驱使家庭转向收入更高的非农部门。第二个是风险渠道，交通基础设施改善通过提高区域医疗保障水平而降低了居民从事非农职业的健康风险，从而激发了更多农业劳动力向非农部门转移。

基于上述结论，本书给出以下两点政策建议：

第一，在当前"三期叠加"的转型关键时期，各级政府应保持基础设施补短板的力度，在扩大优质劳动供给、提振乡村经济、促进城乡协调发展等领域发挥作用。

第二，在投资建设交通基础设施时，需因地制宜、明确政策作用对象。只有对那些基础设施条件较差，距离饱和还有较大发展空间的地区，这一基础设施补短板的手段才能奏效。切忌盲目投资，以免造成资源浪费。

第八章

公路基础设施与农村家庭减贫

一、引言

中国的脱贫攻坚目标任务已于 2020 年底如期全面完成，防止重新返贫是下一阶段的任务重点。我国连续七年脱贫人数在 1 000 万人以上，从 2012 年的 9 899 万人减少到 2019 年的 551 万人①。虽然现行标准下的我国农村贫困人口已实现全部脱贫，但贫困是一个客观现象，贫困标准随社会经济发展将不断变化，相对贫困的现象将长期存在。扶贫地区的后续发展、脱贫成果的巩固和提升等，任务依然艰巨繁重。要实现农村地区的可持续脱贫，关键问题是解决相对贫困问题，因此需要寻找长期行之有效的扶贫方式，推动贫困地区持续向好发展。

基础设施投资是推动贫困落后地区经济长期向好发展的重要举措。尽管财政补贴、转移支付等方式是各级政府对贫困人口进行帮扶的典型措施（李建军，2008；苏春红、解垩，2015），但这一财政支出的减贫作用是不确定的（卢盛峰、卢洪友，2013；樊丽明、解垩，2014）。贫困落后地区的基础设施建设与外部发达区域差距较大。进行基础设施建设投资，不仅可以补齐落后地区的短板，缩小其与外界的差距，更好地实现脱贫目标，并且由于基础设施的长期作用，还可以巩固脱贫成果，避免脱贫人口重新返贫。

基础设施减贫效应引人关注，但遗憾的是，截至目前，研究基础设施在微观领域发挥减贫作用的文献还相对较少，且对作用机制的讨论不够充分。部分文章基于绝对贫困指标进行研究，难以适应下一阶段防止重新返贫的政策目标。基于此，本书选定恩格尔系数作为相对贫困的衡量指标，基于中国家庭追踪调查（CFPS）微观数据库，使用工具变量的估计方法，实证检验通公路这一交通基础设施改善对农村居民家庭减贫的影响，并对其作用机制进行探讨，意图为接下来"十四五"的减贫政策提供参考。

本章余下内容安排如下：第二部分回顾既有文献，总结交通基础设施发挥减贫作用的理论机理；第三部分介绍实证部分的模型、策略与变量，

---

① 贫困人口减至 551 万人 脱贫攻坚目标接近完成［EB/OL］.（2020－03－13）［2023－05－20］. http：//dz. jjckb. cn/www/pages/webpage2009/html/2020－03/13/content_62336. htm.

并给出本章主要涉及的数据来源；第四部分为实证检验的主要内容，包括基准回归、稳健性检验、异质性回归，以及拓展机制分析，第五部分为本章小结。

二、文献综述与理论假说

（一）文献综述

基础设施是财政支出发挥减贫效应的主要渠道之一。地方财政通过投资基础设施建设，带动区域经济发展，从而带动居民收入增长。

既有文献研究发现，由于类别以及地域的不同，基础设施的减贫作用也有所差别。首先考虑教育基础设施。部分文献证实了教育基础设施的减贫效应（Deichmann，2004；兰峰等，2019），认为教育可以通过人力资本积累等渠道对减贫发挥影响（单德朋，2012），典型的即通过成人教育或技能培训发挥扶贫作用（Jung and Thorbecke，2003），相较于西部地区，教育事业支出在东部和中部地区的减贫效果更为显著（罗知，2011）。但也有文献指出，教育基础设施仅在预防贫困方面发生作用，并未表现出可以摆脱贫困的作用（Thorat et al.，2017）。除了教育以外，卫生基础设施提高贫困人口收入的作用同样显著，且这一减贫效应也表现出了空间上的异质性（罗知，2011）。基于印度数据的研究发现，自来水设施对农村儿童健康和家庭贫困均具有显著的影响，对于农村的贫困家庭，自来水基础设施的可获得性意味着更低的儿童痢疾发生率，而健康人力资本有助于家庭摆脱贫困（Jalan and Ravallion，2003），基于中国家庭跟踪调查（CFPS）数据的研究也得到了类似的结论（谢申祥等，2018）。此外，农业科研投资、信息基础设施和金融基础设施等也表现出了积极的减贫效应（林伯强，2005；沈能、赵增耀，2012；刘成奎等，2018；黄敦平等，2019）。但也有文献指出，中国的基本公共服务供给对农村贫困家庭的瞬时贫困改善效果并不明显（刘成奎等，2018）。例如，农村的科教文卫公共品对于减贫存在"门槛"效应，并且对于已经形成的贫困并没有显著的改善作用（王娟、张克中，2012）。

具体到交通基础设施，基于省域面板数据的研究发现，交通基础设施对农民的收入呈现出较强的正向影响（李慧玲、徐妍，2016）。相较于铁路，公路的建设更有助于减少贫困（Zou et al.，2008），每万元公路投资可使 3.07 人脱贫（林伯强，2005），等级公路的减贫效果比等外公路更加明显（鞠晴江、庞敏，2006）。基于墨西哥南部地区样本的研究发现，除公路外，桥梁和水利设施也具有较高的经济回报率，对降低城乡贫困发生率具有显著的作用（Deichmann，2004）。少数文献讨论了交通基础设施的减贫机制。基于中国分省数据的研究发现，交通基础设施对农业生产率和非农就业率均有显著正向影响（Fan，2002）。有学者基于巴布亚新几内亚的入户调查数据检验了道路基础设施的可获得性对减贫的影响，发现交通基础设施的便利程度可以降低居民陷入贫困的概率（Gibson and Rozelle，2003）。

在交通基础设施减贫领域，既有文献的研究结论尚未达成一致，这可能是由以下几个原因造成的。首先，既有文献多使用省以上的宏观数据进行分析，难以得出减贫效应的具体机制。其次，部分文献对内生性的关注不够，忽略了经济发展与基础设施投资建设之间的双向因果关联，可能得到有偏的估计结果。最后，既有文献多使用现行的绝对贫困指标进行衡量，而 2020 年以后现行标准下贫困人口已全部脱贫，若沿用这一指标，对下一阶段减贫政策制定的参考意义有限。针对上述情况，为了准确衡量交通基础设施的减贫效应，本书将基于中国家庭追踪调查这一微观数据库进行研究，并着重关注交通基础设施对农村家庭贫困状况改善的机制；同时，本书还将构造通公路这一交通基础设施改善的工具变量，用以排除回归模型中的内生性，获得更加准确的结论。此外，本书将使用恩格尔系数这一相对指标替代贫困的绝对指标，考察交通基础设施对相对贫困的影响。

（二）交通基础设施减贫效应机理分析

理论上，交通基础设施可以通过多种渠道减轻农村的贫困状况。归纳而言，这些渠道大抵可以归类为直接渠道和间接渠道。

1. 直接渠道

交通基础设施改善会降低信息交互成本，从而为贫困家庭带来更多的政府补贴直接收入。对一个区域而言，当交通状况相对闭塞时，区域内部的信息获取相对滞后，无法及时有效地掌握来源于区域外的帮扶政策信息；与此同时，区域内部贫困家庭的现状与需求也很难及时上报到相关部门。当区域交通基础设施改善时，与外界发生信息交互的成本显著降低，信息不对称的情况将得到显著的改善，来源于外部的政府补贴帮扶政策将在第一时间内传达至区域内部，而区域内部符合帮扶条件的贫困家庭此时就会迅速反应，及时上报并申请，以获取更多的财政补贴收入。

基于以上分析，本书提出理论假说 8.1：

假说 8.1：交通基础设施通过降低信息不对称而提高农村家庭获得直接补助的概率，直接改变农村家庭的贫困状况。

2. 间接渠道

除了直接渠道以外，交通基础设施还可通过间接渠道改变农村家庭的贫困状况。首先，交通基础设施可以促进农村经济增长，由此带动农村家庭财富的积累。其次，交通基础设施可以通过提高区域市场通达性及农产品的交易价格来增加农村家庭的收入。在交通基础设施建成后，农村区域的市场规模得以扩大，在一个更大的市场上，贫困家庭的农产品可以选择更优的交易机会，从而获得更高的交易价格，从而使家庭收入增加。最后，交通基础设施的改善可以促使农业劳动力转向收入更高的非农行业，进而改变农村家庭的贫困状况。短期来看，交通基础设施投资项目本身就为当地创造了一部分劳动力需求，特别是在土地贫瘠地区或者农闲时期，区域内部的剩余劳动力可以通过参与建设项目获得额外收入。长期来看，交通基础设施建成以后，区域内部市场通达性得以提高，信息不对称程度有效降低，非农经济持续发展，贫困家庭的居民得到了更多工作机会，从而使收入不断增加。

基于以上分析，本书提出理论假说 8.2：

假说 8.2：交通基础设施通过经济增长、市场规模扩大、农业劳动力转移等渠道增加农村家庭的收入，间接减轻农村家庭的贫困状况。

三、实证策略、模型与变量

(一) 模型与策略

将公路接通视为交通基础设施改善的一项准自然实验，理论上，本书可以使用双重差分模型，并基于面板固定效应模型，实证讨论通公路对农村家庭减贫的影响。

具体模型如下：

$$engel_{it} = \beta_0 + \beta_1 \cdot road_{it} + \gamma \cdot X_{it} + \alpha_i + \lambda_t + \varepsilon_{it} \qquad (8.1)$$

式中：被解释变量 $engel_{it}$ 为农村家庭 i 在 t 年的恩格尔系数。核心解释变量 $road_{it}$ 是衡量 t 年 i 家庭所在村庄是否接通公路的二值变量，若所在村庄联入公路交通网络，则变量 $road_{it}$ 取值为 1；若所在村庄未联入公路交通网络，则变量 $road_{it}$ 取值为 0。X_{it} 是控制变量的集合，主要衡量样本家庭的特征变量。家庭个体固定效应为 α_i，时间固定效应为 λ_t，误差项用 ε_{it} 表示。β_0 为常数项，核心解释变量 $road_{it}$ 的系数 β_1 衡量通公路对农村家庭恩格尔系数的影响，是本书重点关注的对象。γ 为系列解释变量 X_{it} 的系数。

但是，使用面板固定效应模型面临着一个问题，即无法控制通公路与各村庄经济发展水平之间的内生性关系。存在这样一种可能，即经济发展水平高的村庄，通公路的可能性更大。这些村庄家庭的恩格尔系数本就低于平均水平，并不是由通公路导致的，针对这种情况，为了准确估计通公路的减贫效应，必须为通公路这一交通基础设施的改善寻找合适的工具变量。理论上，一个好的工具变量应同时满足相关性和外生性的要求，即这一工具变量与通公路高度相关，可以解释通公路的这一变化；此外，该变量对居民家庭恩格尔系数的影响均是通过通公路这一途径产生的，不会直接或间接地影响居民家庭的贫困状况，满足外生性的要求。若符合上述要求的工具变量数量在两个以上，可通过"过度识别检验"来衡量这些工具变量是否满足外生性假设，若工具变量数量等于内生性变量的个数（即符合"恰度识别"的情景），则无法从统计上检验工具变量（Z_{it}）的外生性。

具体地，本书以"家庭所在村庄的常住人口数量"（pop）与"家庭所在村庄距离本省省会的地理距离"（$dist$）[①] 的乘积作为通公路的工具变量（Z_{it}），用等式表示为：

$$Z_{it} = pop_{it} \cdot dist_{it} \qquad (8.2)$$

————————————

① 家庭所在村庄距离本省省会距离的原始变量名为 $CG3$，存在于 CFPS2010 和 CFPS2014 问卷。理论上，村庄距离本省省会的距离应该是客观恒定不变的，但是 CFPS 为微观调查数据，其数据调查结果根据回答人口述整理而成，对于同一问题在不同年份的答案可能会存在轻微差别。因此，本书在处理过程中令这一距离数据等于 2010 年与 2014 年数据的均值，在各年保持恒定不变。

这样做的原因在于，村庄的人口越多，其越容易被接入交通网络，而家庭所在村庄的总人口数量相对于家庭消费来说是相对外生的，前者很难对后者发生影响。此外，考虑到本书所用到的样本区间在 2010 年以后，此时全国主要地区的公路交通网络均已铺设完成，因此，与经济中心（行政中心）的距离越远，越容易被交通网络所覆盖，而地理距离是外生既定的，不受村庄经济发展水平的影响。

工具变量回归的方程如下：

第一阶段回归：

$$road_{it} = \beta_0 + \beta_1 \cdot Z_{it} + \gamma \cdot X_{it} + \alpha_i + \lambda_t + \varepsilon_{it} \tag{8.3}$$

第二阶段回归：

$$engel_{it} = \beta_0 + \beta_1 \cdot \hat{road}_{it} + \gamma \cdot X_{it} + \alpha_i + \lambda_t + \varepsilon_{it} \tag{8.4}$$

其中，第一阶段回归方程得到核心解释变量中能够被工具变量解释的部分 $\hat{road}_{it}$，将这部分代入第二阶段的回归中，即得到了不存在内生性的准确的回归结果。

对工具变量相关性的检验比较简单。一般认为，在工具变量第一阶段回归中，若 F 检验的数值大于 10，则可认定工具变量与其所解释的内生变量间存在较强的相关性。对工具变量外生性的检验则要相对复杂一些。本书借鉴方颖和赵扬（2011）的做法，将被解释变量同时对内生的核心解释变量"通公路"和工具变量做回归。若工具变量仅通过内生变量"通公路"间接地影响被解释变量，则在同时控制内生核心解释变量"通公路"和工具变量时，工具变量的回归系数应不显著。本书将在表 8.3 中报告工具变量有效性的检验结果。

（二）变量与数据来源

本部分实证检验的主要数据来源为中国家庭追踪调查（CFPS）数据库。这一数据库由北京大学社会科学调查中心建立，旨在通过跟踪收集个体、家庭、社区（村庄）三个层面的数据，反映出中国社会、经济、人口等方面的变迁事实，为学术研究和公共政策分析提供数据基础。

CFPS 团队于 2010 年开始正式展开访问，其数据样本覆盖中国 25 个省、自治区、直辖市，初始年份的目标样本规模为 16 000 户，具体调查对象为目标样本家庭的全部成员。2010 年的所有样本家庭将成为 CFPS 数据库的基线调查家庭，其家庭成员及今后的血缘/领养子女将成为 CFPS 的基因成员，被永久追踪调查。CFPS 数据库共设置了社区问卷、家庭问卷、成人问卷和少儿问卷四种主体问卷类型，并根据调查随访的需要，不断更新发展出针对不同类别家庭成员的长问卷、短问卷、代答问卷、电访问卷等多种问卷类型。

截至 2023 年 9 月，CFPS 项目已在其官网①中公布了六期数据，分别为 2010 年、2012 年、2014 年、2016 年、2018 年和 2020 年。其中，存在于 2010 年和 2014 年数据当中的社区调查问卷，提供了家庭所在村庄/社区的基础设施信息，经整理可反映样本家庭所在村庄截至 2014 年的通公路状况。基于上述原因，本书主要将 2010 年和 2014 年的家庭数据合并形成面板数据，在此基础上进行回归。

具体的数据合并方法为：首先，将 2010 年和 2014 年的社区问卷合并，获得家庭所在各个村庄的通公路具体年份，得到一套村庄–年份层面上的面板数据②。其次，将 2010 年和 2014 年的家庭财务数据合并，得到一套家庭–年份层面的面板数据。最后，将两套面板数据按照村庄代码和年份合并。经过剔除无效样本、对连续变量上下各 0.5% 的数据进行缩尾后，本书共得到 7 403 次观察结果。

在被解释变量的选取方面，根据联合国的标准③，本书主要使用恩格尔系数反映样本家庭的贫困状况。恩格尔系数（Engel's coefficient，EC）主要指食品消费总额在消费支出总额中所占的比重。19 世纪的德国统计学家恩格尔认为：家庭的总收入越少，食物购买支出在总支出中所占的比例就越高，随着家庭总收入的提高，食物购买支出在总支出中所占的比例则

---

① 中国家庭追踪调查数据库的官方网址为 https：//www.isss.pku.edu.cn/cfps/。

② 在 2010 年的社区问卷基线调查中，变量 $CE102\_A\_7$ 衡量的是各个社区/村庄通公路的具体年份；在 2014 年的社区调查问卷中，变量 $CA301\_A\_7$ 衡量的是"过去四年中（2010~2014 年），本社区具体通公路的年份是哪一年？"结合以上信息，本书得以整理出截至 2014 年全样本社区的通公路情况。

③ 联合国根据恩格尔系数的大小，对世界各国的生活水平确定了一个划分标准，即一个国家平均家庭恩格尔系数大于 60% 为贫穷，50%~60% 为温饱，40%~50% 为小康，30%~40% 为相对富裕，20%~30% 为富足，20% 以下为极其富裕。

会逐渐下降。推而广之，国家或地区中的居民越贫困，其总支出中食品消费支出的比例就越高。

为了提高模型估计的准确性，本书借鉴既有文献的做法（胡枫、陈玉宇，2012；周广肃等，2014），在实证中添加了家庭总体和户主两个层面的控制变量，来控制其他因素对居民家庭消费的影响。具体地，本书使用户主的年龄、婚姻状况和教育水平作为户主层面的控制变量。户主年龄用连续变量 age 表示。户主的婚姻状况用哑变量 $marriage$ 反映，若户主在样本年份处于已婚状态，则变量 $marriage$ 取值为 1，否则为 0。edu 是取值范围在 1~7 的整数的变量，分别代表从低至高的教育水平[①]，衡量出户主的受教育程度。家庭总体层面的控制变量有三个，分别是家庭存在非房贷贷款（$debt$）、家庭人均收入（$fincome$）和家庭人均现金及存款（$saving$）。若家庭目前仍存在非房贷的消费型金融贷款，则变量 $debt$ 取值为 1，否则为 0。为了使数据平滑，实证回归中家庭人均收入（$lfincome$）和人均现金及存款（$lfam\text{-}saving$）均做了对数处理。

主要变量的描述性统计见表 8.1。

表 8.1　主要变量的描述性统计

变量名	变量含义	样本量	均值	标准误	最小值	最大值
a. 被解释变量						
ec	恩格尔系数（%）	6 751	33.830	19.970	0	100
agri	家庭从事农业	7 403	0.743	0.437	0	1
subsidy	家庭所获财政补贴收入	7 403	444.100	1 076	0	9 720
b. 解释变量						
road	通公路	7 403	0.199	0.400	0	1
czrk	常住人口（千人）	7 381	0.200	0.158	0.021	0.960
dist	距本省省会距离（百公里）	7 309	2.375	1.921	0.150	13.790

———————

① 其中，edu 取值为 1 代表的教育水平为文盲/半文盲，edu 取值为 2 代表的教育水平为小学，edu 取值为 3 代表的教育水平为初中，edu 取值为 4 代表的教育水平为高中/中专/技校/职高，edu 取值为 5 代表的教育水平为大专，edu 取值为 6 代表的教育水平为大学本科，edu 取值为 7 代表的教育水平为硕士及以上。

续表

变量名	变量含义	样本量	均值	标准误	最小值	最大值
c. 控制变量						
edu	户主受教育程度	7 331	2.361	1.296	1	7
age	户主年龄	7 328	50.910	13.010	14	93
marrige	户主婚姻状况	7 325	0.886	0.318	0	1
debt	家庭存在非房贷贷款	10 438	0.261	0.439	0	1
lfincome	家庭人均收入（元）	6 785	8 006	9 500	50	90 000
lfam-saving	家庭人均现金及存款（元）	7 365	3 844	15 161	0	333 333

四、实证结果与分析

本书的实证部分主要分为四个部分，分别是基准回归、稳健性检验、异质性回归，以及拓展机制分析，以下将分别阐述。

（一）基准回归

基准回归结果分为面板固定效应模型回归结果、工具变量有效性验证回归结果、面板工具变量模型回归结果三大部分。首先考虑面板固定效应模型回归结果。通过前面的分析可以得到，基础设施投资对区域经济增长的贡献是显著的，在这种情况下，对于农村家庭而言，交通基础设施的减贫效应引人关注。在本部分，本书首先以农村居民家庭的恩格尔系数作为被解释变量，考察通公路对农村家庭贫困程度的影响，回归结果如表8.2所示。

表8.2　面板固定效应模型回归结果

被解释变量	恩格尔系数		
	（1）	（2）	（3）
road	−4.469 0 ***	−4.208 7 ***	−4.092 0 ***
	（1.044 8）	（1.056 0）	（1.056 2）
debt		−6.442 2 ***	−6.387 0 ***
		（0.977 6）	（0.977 7）
lfincome		−0.920 0 **	−0.913 0 **
		（0.381 0）	（0.381 1）

续表

被解释变量	恩格尔系数		
	（1）	（2）	（3）
lfam_saving		−0.010 7	−0.008 5
		(0.106 6)	(0.106 8)
age			0.064 0
			(0.052 8)
marrige			1.628 6
			(1.952 2)
edu			−0.836 4 **
			(0.337 4)
常数项	35.393 3 ***	44.622 1 ***	41.779 7 ***
	(0.344 5)	(3.117 0)	(4.621 3)
R^2	0.022 5	0.043 7	0.046 9
样本量	6 751	6 468	6 428

注：括号内为标准误，＊代表 $p<0.1$，＊＊代表 $p<0.05$，＊＊＊代表 $p<0.01$。回归中均控制了年份固定效应与家庭个体固定效应。受篇幅所限，时间项的回归结果未予列出。

回归中依次加入前文所述的控制变量，结果如表8.2的（1）至（3）列所示，其中，第（1）列未添加控制变量，第（2）列在此基础上增加了代表样本家庭财务特征的控制变量，第（3）列在第（2）列基础上进一步加入与户主个人特征相关的控制变量。表8.2的结果显示，当使用面板固定效应模型进行回归时，核心解释变量 road 的系数均负向显著，且绝对值和显著性水平较为稳定，不受控制变量的影响。这说明，接通公路这一交通基础设施的改善显著降低了样本家庭的恩格尔系数。在第（3）列加入全部控制变量后，核心解释变量 road 的系数为−4.092 0，表明样本家庭的恩格尔系数在通公路之后平均降低约4.1个百分点。

如前所述，使用面板固定效应模型进行回归并不能解决回归模型中的内生性问题，存在这样一种选择性偏误，即经济发达地区的村庄更容易通公路，而这些地区居民家庭的恩格尔系数可能本就低于其他地区。因此，使用面板固定效应模型进行回归，可能导致错误地估计通公路对农村居民家庭的减贫效应。为了解决这一问题，本书以"家庭所在村庄的常住人口数量"（*pop*）与"家庭所在村庄距离本省省会的地理距离"（*dist*）的乘积 *iv* 作为 *road* 的工具变量，基于面板工具变量估计模型考察通公路对居民家庭恩格尔系数的影响。如前所述，有效的工具变量需同时满足相关性和外生性的要求。相关性的认定标准为工具变量第一阶段回归的 *F* 检验值大于 10（Stock and Staiger, 1997）。外生性的验证则没有达成共识，通常情况下，对外生性的要求为工具变量仅通过内生变量与被解释变量发生关联。本书借鉴方颖和赵扬（2011）的做法，将工具变量和内生解释变量同时回归于被解释变量居民家庭的恩格尔系数，从而验证工具变量的外生性。由表 8.3 中的结果可知，当内生解释变量和工具变量同时对被解释变量回归时，仅内生解释变量 *road* 的系数显著，工具变量的回归系数并不显著，而去掉内生解释变量之后，工具变量的回归结果转为显著。这说明控制了内生解释变量以后，工具变量本身并未直接或间接地影响被解释变量，工具变量的外生性得到验证。

表 8.3　工具变量有效性验证回归结果

被解释变量	恩格尔系数	
	（1）	（2）
road		−3.688 2***
		(1.072 0)
iv	1.428 6*	1.062 3
	(0.782 2)	(0.787 6)
debt	−6.580 7***	−6.578 1***
	(0.985 7)	(0.983 4)
lfincome	−0.968 0**	−0.968 2**
	(0.386 2)	(0.385 3)
lfam_saving	0.020 9	0.007 8
	(0.107 4)	(0.107 2)
age	0.052 5	0.056 3
	(0.053 4)	(0.053 2)

续表

被解释变量	恩格尔系数	
	（1）	（2）
marrige	1. 653 0	1. 648 8
	（1. 958 5）	（1. 953 8）
edu	−0. 909 1 ***	−0. 867 5 **
	（0. 338 9）	（0. 338 3）
常数项	42. 205 6 ***	42. 071 5 ***
	（4. 674 6）	（4. 663 7）
R^2	0. 041 9	0. 046 9
样本量	6 347	6 347

注：括号内为标准误，* 代表 $p<0.1$，** 代表 $p<0.05$，*** 代表 $p<0.01$。回归中均控制了年份固定效应与家庭个体固定效应。受篇幅所限，时间项的回归结果未予列出。

表 8.4 汇报了基于面板工具变量模型的回归结果，其中，第（1）列至第（3）列分别添加了与表 8.2 相同的工具变量。由表 8.4 中的结果可以看到，不论是否添加控制变量，基于工具变量的回归结果均为负向显著。这意味着，在解决交通基础设施改善与居民家庭恩格尔系数的内生性问题之后，从总体上看，通公路对居民家庭的恩格尔系数产生了显著的影响。值得一提的是，在使用工具变量控制了回归模型中的内生性之后，核心解释变量 *road* 系数的绝对值显著变大了，即通公路之后，农村居民家庭的恩格尔系数显著下降了约 14.4 个百分点。

表 8.4　面板工具变量模型回归结果

被解释变量	恩格尔系数		
	（1）	（2）	（3）
road	−8. 885 9	−14. 335 7 *	−14. 385 7 *
	（7. 051 1）	（7. 555 8）	（7. 624 1）
debt		−6. 616 3 ***	−6. 570 6 ***
		（0. 988 5）	（0. 990 7）

续表

被解释变量	恩格尔系数		
	(1)	(2)	(3)
lfincome		− 0.986 3 **	− 0.968 9 **
		(0.402 2)	(0.403 0)
lfam_saving		− 0.034 7	− 0.030 3
		(0.107 7)	(0.107 0)
age			0.067 3
			(0.056 4)
marrige			1.636 6
			(1.956 3)
edu			− 0.747 0 **
			(0.377 3)
第一阶段回归结果			
iv	− 0.098 4 ***	− 0.099 3 ***	− 0.099 3 ***
	(0.005 7)	(0.006 0)	(0.006 2)
F	296.80	270.45	260.33
样本量	4 840	4 566	4 562

注: 括号内为标准误, ∗ 代表 $p<0.1$, ∗∗ 代表 $p<0.05$, ∗∗∗ 代表 $p<0.01$。回归中均控制了年份固定效应与家庭个体固定效应。受篇幅所限, 时间项的回归结果未予列出。

(二) 稳健性检验

基准回归结果显示, 通公路使得农村居民家庭的恩格尔系数显著下降。值得注意的是, 在样本区间内, 除了公路以外, 铁路基础设施建设也达到了一个快速增长的阶段。如果不考虑铁路对居民家庭恩格尔系数的影响, 则有可能高估通公路对居民家庭的减贫效应。

基于上述分析, 本部分在表 8.4 工具变量回归的基础上, 排除样本区间内通铁路的家庭样本后再次进行回归, 结果如表 8.5 第 (1) 列至第 (2) 列所示, 在排除通铁路对居民家庭恩格尔系数的影响以后, 表 8.4 中的工具变量回归结论仍然成立, 且核心解释变量系数的绝对值略有提高, 前文的回归结果稳健。

表 8.5 稳健性回归结果

被解释变量	恩格尔系数			
	排除通铁路样本		排除搬迁样本	
	（1）	（2）	（3）	（4）
road	-14.578 3*	-14.581 9*	-14.332 7*	-14.360 4*
	（7.587 6）	（7.628 9）	（7.360 6）	（7.424 0）
debt	-6.759 0***	-6.719 5***	-6.591 9***	-6.546 2***
	（0.995 8）	（0.999 3）	（0.989 9）	（0.992 2）
lfincome	-0.955 3**	-0.942 6**	-0.950 7**	-0.932 0**
	（0.406 4）	（0.407 5）	（0.404 8）	（0.405 8）
lfam_saving	0.006 8	0.007 8	-0.057 5	-0.050 2
	（0.107 8）	（0.107 5）	（0.109 5）	（0.108 7）
age		0.041 0		0.083 5
		（0.055 4）		（0.056 7）
marrige		1.975 5		1.468 4
		（1.933 4）		（1.954 0）
edu		-0.544 7		-0.716 5*
		（0.398 3）		（0.379 3）
第一阶段回归结果				
iv	-0.099 1***	-0.099 2***	-0.102 0***	-0.102 0***
	（0.006 0）	（0.006 2）	（0.006 1）	（0.006 3）
F	268.29	255.17	275.61	264.90
样本量	4 434	4 432	4 470	4 466

注：括号内为标准误，*代表 $p < 0.1$，**代表 $p < 0.05$，***代表 $p < 0.01$。回归中均控制了年份固定效应与家庭个体固定效应。受篇幅所限，时间项的回归结果未予列出。

除排除接通铁路对居民家庭恩格尔系数的影响以外，也需要考虑迁移对居民家庭恩格尔系数的影响。若样本家庭存在迁移的情况，其恩格尔系数改变的影响因素较为复杂，难以判断是否由基础设施的变化导致，若在实证分析中包含这一部分迁移家庭样本，将得到有偏的估计结果。为排除家庭迁移对模型回归的影响，本部分剔除样本区间内家庭所属村庄代码发生改变的家庭样本，仅保留不存在搬迁行为的家庭样本，重新进行回归。从表 8.5 第（3）列至第（4）列的回归结果可以看出，在排除家庭迁移因素之后，核心解释变量回归系数的显著性水平和绝对值大小均未发生较大改变，前文的回归结果依然稳健。

（三）异质性回归

上述分析表明，联入公路网络显著地降低了农村家庭的恩格尔系数，使其贫困程度降低。考虑到不同家庭的收入差异明显，接通公路的减贫效应也可能随收入等级表现出异质性特征。为获取更加翔实的实证结果，本部分将农村家庭样本按照收入等级分成两类，对高收入家庭和低收入家庭样本分别进行回归，考察通公路的减贫效应在不同收入等级家庭样本中的差异。具体地，按照样本初始年份的人均收入分位点对样本家庭进行分类：在样本的初始年份 2010 年，若家庭人均可支配收入低于 50% 的分位点（即人民币 3 750 元），则该样本家庭在整个时间区间均被定义为低收入家庭；反之，若在样本的初始年份 2010 年的家庭人均可支配收入高于 50% 的分位点，则该样本家庭在整个时间区间均被定义为高收入家庭。

不同收入家庭样本的回归结果如表 8.6 所示。由表 8.6 中的回归结果可以发现：通公路的减贫效应在不同收入等级家庭样本中表现出了截然不同的性质。对高收入家庭而言，通公路对家庭恩格尔系数的影响极其有限，通公路之后，家庭的恩格尔系数未发生显著变化。而对低收入家庭而言，通公路表现出比基准回归更大的减贫效应，主要体现在恩格尔系数的大幅下降上。通公路以后，低收入家庭的恩格尔系数下降了约 24.7 个百分点，远高于表 8.4 面板工具变量模型回归中的 14.4 个百分点，且这一结果在 1% 的水平下显著。恩格尔系数的大幅降低，意味着低收入家庭居民生活水平的有效提高。

表 8.6　异质性回归：分不同收入等级

被解释变量	恩格尔系数			
	高收入家庭		低收入家庭	
	(1)	(2)	(3)	(4)
road	14.967 7	15.930 5	−24.789 5 ***	−24.666 4 ***
	(22.673 0)	(22.722 3)	(6.992 0)	(7.150 8)

续表

被解释变量	恩格尔系数			
	高收入家庭		低收入家庭	
	（1）	（2）	（3）	（4）
debt	−5.618 4 ***	−5.606 5 ***	−7.426 0 ***	−7.224 8 ***
	(1.542 5)	(1.542 6)	(1.392 5)	(1.399 9)
lfincome	−1.197 3	−1.226 7	−0.589 4	−0.578 7
	(0.741 6)	(0.755 2)	(0.619 3)	(0.618 3)
lfam_saving	0.027 9	0.044 8	−0.138 7	−0.137 0
	(0.148 3)	(0.148 6)	(0.177 1)	(0.174 8)
age		0.173 4 *		0.051 1
		(0.102 8)		(0.072 8)
marrige		2.794 2		−0.081 5
		(3.114 6)		(2.881 9)
edu		0.119 6		−1.044 7 **
		(0.617 1)		(0.485 4)
第一阶段回归结果				
iv	−0.098 1 ***	−0.098 1 ***	−0.103 1 ***	−0.102 5 ***
	(0.014 1)	(0.014 2)	(0.007 0)	(0.007 1)
F	48.43	47.97	218.60	208.51
样本量	2 178	2 178	2 388	2 384

注：括号内为标准误，＊代表 $p<0.1$，＊＊代表 $p<0.05$，＊＊＊代表 $p<0.01$。回归中均控制了年份固定效应与家庭个体固定效应。受篇幅所限，时间项的回归结果未列出。

因此，通公路这一交通基础设施投资对于农村家庭的减贫效应因居民家庭收入不同而有所差别。对于低收入家庭而言，交通基础设施改善使得家庭恩格尔系数大幅下降，带来的减贫效应更加明显。

（四）拓展机制分析

由前文研究结果可知，通公路使农村家庭的恩格尔系数降低。然而，这一减贫效应通过何种机制和渠道发生，目前仍不清晰。在理论机理分析中，设定交通基础设施对私人部门发生作用通过两个渠道——直接渠道和间接渠道。本部分将依次使用新的被解释变量替代上文回归中的恩格尔系数，逐一验证上述两种渠道，以此明确交通基础设施改善对农村家庭减贫效应的作用机制。

1. 直接渠道

这一部分使用农村家庭所收到的补贴收入替代上文面板工具变量回归中的被解释变量，考察通公路对农村家庭减贫的直接作用渠道。这一直接补贴收入的定义为：上年度收到的各级政府补助金额的总数，用变量 *subsidy* 表示，单位为元。如果通公路使得农村家庭从各级政府获得的补助收入提高，则说明通公路这一交通基础设施改善直接增加了农村家庭的收入，降低了农村居民家庭的贫困程度。

表 8.7 给出了使用家庭补贴收入作为被解释变量的回归结果，从中可以看出，不论是否添加代表家庭特征或者户主特征的控制变量，核心解释变量 *road* 的系数均在 1% 的水平下正向显著。通公路显著增加了农村家庭所获得的直接补贴收入，意味着假说 8.1 得到验证。外部区域与通公路村庄的信息交互成本显著下降，通公路村庄的信息不对称状况得到改善，更多数量和种类的政府直接补贴政策信息得以进入区域内部，符合条件的贫困家庭上报家庭信息并申请补助，从而获得了更多的直接补贴收入。

表 8.7　机制检验 1：政府直接补助

被解释变量	政府补贴收入 *subsidy*		
	（1）	（2）	（3）
road	503.511 4 **	646.337 7 ***	649.549 2 ***
	（227.428 0）	（236.877 4）	（236.199 8）
debt		7.850 2	7.571 1
		（46.935 8）	（46.892 5）
lfincome		105.373 7 ***	104.686 4 ***
		（19.505 5）	（19.481 7）
lfam_saving		5.580 3	4.964 7
		（4.856 5）	（4.875 7）
age			-3.260 3
			（2.757 1）

续表

被解释变量	政府补贴收入 subsidy		
	(1)	(2)	(3)
marrige			92. 847 0
			(121. 483 3)
edu			-6. 441 0
			(16. 450 6)
第一阶段回归结果			
iv	-0. 098 9 ***	-0. 101 0 ***	-0. 101 0 ***
	(0. 005 8)	(0. 006 1)	(0. 006 2)
F	288. 30	271. 22	262. 07
样本量	5 782	5 004	5 000

注：括号内为标准误，＊代表 $p<0.1$，＊＊代表 $p<0.05$，＊＊＊代表 $p<0.01$。回归中均控制了年份固定效应与家庭个体固定效应。受篇幅所限，时间项的回归结果未予列出。

2. 间接渠道

在假说8.2中，本书提出：交通基础设施通过经济增长、市场规模扩大、农业劳动力转移等渠道增加农村家庭的收入，间接减轻农村家庭的贫困状况。本部分使用样本家庭是否从事农业替代面板工具变量回归模型中的被解释变量，验证上述假说中的农业劳动力转移渠道①。这一变量用 *agri* 表示，若样本家庭当年从事农业生产，则该变量取值为1，反之则为0。如果通公路之后，农村家庭样本中从事农业的样本数量减少，则验证了假说8.2，即交通基础设施改善可以通过促进农业劳动力转移使得农村家庭获得更高的非农收入，进而间接减轻农村家庭的贫困状况。

表8.8给出了这一机制检验的结果，从表中第（1）列至第（3）列的结果可以看到，不论是否添加代表家庭财务特征或者户主特征的控制变量，核心解释变量的系数均是负向显著的，说明通公路之后，农村家庭从

---

① CFPS问卷并未包含家庭所在地的具体信息，因而难以准确地衡量家庭所在地的经济增长情况和市场规模状况。幸运的是，在2010年、2012年和2014年的调查问卷中，均存在对家庭是否从事农业的考察，因此，本部分仅选择农业劳动力转移这一渠道完成对交通基础设施通过间接渠道减贫的考察。

事农业生产的概率显著降低。这也意味着通公路这一交通基础设施的改善显著促进了农业劳动力转移，由农业生产转向收入相对较高的非农行业，从而减轻了家庭贫困，假说 8.2 成立。

表 8.8　机制检验 2：农业劳动力转移

被解释变量	家庭从事农业 agri		
	（1）	（2）	（3）
road	−1.178 7 ***	−1.122 5 ***	−1.118 3 ***
	（0.165 5）	（0.167 3）	（0.170 2）
debt		0.030 3	0.028 3
		（0.024 9）	（0.024 9）
lfincome		0.009 2	0.008 6
		（0.010 7）	（0.010 6）
lfam_saving		−0.002 4	−0.002 1
		（0.002 8）	（0.002 8）
age			0.001 6
		（0.001 5）	
marrige			0.116 5 **
			（0.054 6）
edu			0.020 2 **
			（0.009 1）
第一阶段回归结果			
iv	−0.098 9 ***	−0.101 0 ***	−0.101 0 ***
	（0.005 8）	（0.006 1）	（0.006 2）
F	288.30	271.22	262.07
样本量	5 782	5 004	5 000

注：括号内为标准误，* 代表 $p<0.1$，** 代表 $p<0.05$，*** 代表 $p<0.01$。回归中均控制了年份固定效应与家庭个体固定效应。受篇幅所限，时间项的回归结果未予列出。

五、本章小结

本章使用中国家庭追踪调查微观数据，以人口和地理距离的乘积作为家庭所在村庄通公路的工具变量，基于工具变量估计方法，系统地研究了交通基础设施对微观家庭部门恩格尔系数的证据。所得结论主要包括：在总体上，通公路这一交通基础设施的改善显著降低了农村家庭的恩格尔系数，即平均下降 14.4 个百分点。异质性分析发现，交通基础设施改善带来的减贫效应对低收入家庭的作用更加明显。通公路之后，低收入家庭的恩格尔系数下降得更多、更明显，即平均下降 24.7 个百分点。机制检验的结果发现，交通基础设施改善主要通过两个渠道对家庭的恩格尔系数产生影响。一是直接渠道，交通基础设施改善之后，由于信息交互成本降低，家庭所在区域的信息不对称情况得到了明显的改善，使得贫困家庭获得了更多的直接补助收入。二是间接渠道，交通基础设施改善通过促进贫困家庭的农业劳动力转移而提高了家庭收入，从而降低了贫困程度。

基于上述结论，本书提出以下两点政策建议：

第一，在当前转型关键时期，各级政府应充分利用交通基础设施投资，持续稳定地降低落后地区的贫困程度，特别是降低其相对贫困的程度。

第二，在建设交通基础设施项目时，应有针对性地启动配套措施建设体系，持续发挥交通基础设施的减贫效果，如配套建设信息基础设施，完善扶贫帮扶体系，加强人才交易市场和人力资源保障体系制度建设，提升贫困区域的自我发展能力，带动其经济持续稳定向好发展。

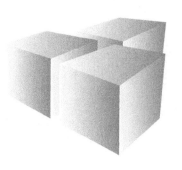

第九章

研究结论、政策建议与研究不足

一、研究结论

本书主要基于供给侧视角研究交通基础设施的经济效应，试图回答以下问题：一是交通基础设施是否对供给体系质量提高产生影响；二是交通基础设施基于何种机制对供给体系质量提高产生影响。

在对铁路基础设施的研究中，本书使用《中长期铁路网规划》（2016）中规划建设高铁的 266 个城市 2003—2015 年的面板数据，将高铁线路开通视为一项准自然实验，使用双重差分法（DID），系统考察了高铁线路开通对城市服务业集聚的影响。所得结论主要包括：

第一，在总体上，高铁线路开通显著地促进了城市服务业就业密度的提升和服务业产值占比的提高，且此效应随时间推移呈现先增加后减小的倒"U"形变化趋势。考虑异质性高铁线路，高速高铁线路开通比中低速高铁线路开通能够更大程度地促进城市服务业集聚水平的提升，联入高铁网络的高铁线路开通比未联入高铁网络的高铁线路开通对城市服务业集聚有更大的促进效应。

第二，通过对高铁线路开通城市服务业就业密度提升的机制考察发现，高铁线路开通并未显著促进高铁线路开通城市内部其他产业从业人员向服务业转变，而是更可能吸引距离开通城市 100~150 公里范围内未开通高铁线路城市服务业和农业从业人员向高铁线路开通城市迁移就业。

第三，对于不同经济地理区位城市，总体上，对服务业就业密度而言，高铁线路开通在不同的经济地理区域内均对城市服务业就业密度提升产生了显著的促进作用，但东部地区和西部地区的影响效应显著高于中部地区；对服务业产值占比而言，高铁线路开通仅在东部地区促进了服务业产值占比的提升。考虑异质性高铁线路，对服务业就业密度而言，中低速高铁线路开通仅在东部地区显著促进了城市服务业就业集聚水平的提升，而高速高铁线路在中部地区和西部地区显著提升了城市服务业就业集聚水平；开通联入高铁网络的高铁线路，在东部地区和中部地区显著促进了城市服务业就业集聚，而未联入高铁网络的高铁线路开通仅在东部地区城市产生了显著的促进效应。在服务业就业占比方面，高速高铁线路和联入高铁网络的高铁线路开通促进了东部地区城市服务业产值占比的提升。

第四，对于不同等级城市，总体上，无论从显著性水平还是系数大小来看看，高铁线路开通对城市服务业就业密度的影响均呈现随着城市等级下降而逐渐减小的变化趋势。考虑异质性高铁线路，中低速高铁线路开通显著促进了大城市和中等城市服务业就业集聚水平的提升，却显著降低了小城市服务业就业集聚水平；高速高铁线路开通仅显著促进了大城市服务业就业集聚水平的提升。联入和未联入高铁网络的高铁线路开通对城市服务业就业集聚的影响均呈现随城市等级下降而逐渐减小的变化趋势。

第五，对于不同服务业部门，总体上，高铁线路开通显著促进了劳动密集型服务业部门就业密度的提升，却显著降低了资本密集型服务部门的就业密度，对公共事业部门和技术密集型部门的影响均不显著。考虑异质性高铁线路，中低速高铁线路开通仅显著促进了劳动密集型服务业就业集聚水平的提高；而高速高铁线路开通不仅显著提高了劳动密集型服务业就业集聚水平，还显著降低了资本密集型服务业就业集聚水平。联入高铁网络的高铁线路开通显著促进了劳动密集型服务业就业集聚，同时还对资本密集部门产生显著负向的影响；而未联入高铁网络的高铁线路开通仅显著促进了劳动密集部门就业集聚水平的提升。

在对水运基础设施的研究中，本书使用 2000—2007 年的工业企业面板数据，基于三峡工程通航这一水运基础设施质量改善自然实验，使用双重差分法考察交通基础设施对于企业成长的影响。所得结论主要包括：

第一，三峡工程通航这一水运基础设施的改善显著促进了长江上游航道附近企业规模的增加，三峡工程通航以后，相较于距离航道较远的企业，与航道距离较近的企业在就业规模和投资规模方面均有着不同程度的扩大。

第二，使用企业出口指标作为被解释变量的机制检验结果显示，三峡工程通航之后，相较于距离航道较远的企业，与长江上游航道距离较近的企业的出口概率和出口交货值均有显著增加，三峡工程通航使得这部分样本企业所面临的市场增大，经济活动增加，从而促进了企业的发展。

在对公路基础设施的研究中，本书使用中国家庭追踪调查微观数据，基于双重差分法，首次系统地研究公路基础设施改善对居民家庭农业劳动力转移及农村减贫的证据。所得结论主要包括：

第一，在总体上，通公路这一交通基础设施的改善显著推动了居民家庭由农业生产转向从事非农行业，显著降低了农村家庭的恩格尔系数，即平均下降 14.4 个百分点。

第二，考察通公路对不同特征居民家庭的差异化影响，所得结论为：高收入居民家庭的职业选择更容易受到公路基础设施改善的影响；此外，相较于农村居民家庭，居住在城镇的居民家庭在公路接通以后，更容易由农业生产转向非农行业。而交通基础设施改善带来的减贫效应对低收入家庭的作用更加明显。通公路之后，低收入家庭的恩格尔系数下降得更多、更明显，即平均下降 24.7 个百分点。

第三，拓展分析的结果显示，从转移方式上看，公路基础设施主要基于资源再配置作用，使得改善地区的农业劳动力发生了异地迁移。从转移机制上看，公路基础设施主要通过两个渠道对家庭的消费行为产生影响。一是消费驱动渠道，公路接通之后，由于运输成本降低，家庭所在市场的供给状况得到了明显的优化，使得家庭的消费行为发生即时的改变，从而驱使家庭转向收入更高的非农部门。二是风险渠道，交通基础设施改善通过提高区域医疗保障水平而降低了居民从事非农职业的健康风险，从而激发了更多农业劳动力向非农部门转移。对农村家庭减贫的研究结果发现，交通基础设施改善主要通过两个渠道对家庭的恩格尔系数产生影响。一是直接渠道，交通基础设施改善之后，由于信息交互成本降低，家庭所在区域的信息不对称情况得到了明显的改善，使得贫困家庭获得了更多的直接补助收入。二是间接渠道，交通基础设施改善通过促进贫困家庭的农业劳动力转移而提高了家庭收入，从而降低了贫困程度。

二、政策建议

基于上述结论，给出以下几点政策建议。

（一）推进交通网络互联互通建设

现阶段我国交通基础设施发展迅速，但交通网络连接性仍然存在较大发展空间。部分地区交通基础设施连接性较差，居民和企业的有效交通需求不足，造成不同程度的基础设施空置和资源浪费。根据本书结论，现有交通网络与大城市的联通，会对区域服务业集聚程度的提升产生巨大作用；接入发达交通网络也会推动区域市场整合、优化资源配置，在扩大企业所在市场规模、拓宽劳动力就业渠道、推动农业劳动力转移等方面发挥积极作用。

因此，为提高交通基础设施的服务效率，应重点推进交通基础设施网络互联互通建设。例如：围绕区域经济中心建设交通基础设施，构建"一小时""三小时"生活圈，拓宽区域经济活动范围；在资源分散地区铺设与交易市场同步发展的交通网络，整合区域资源，降低交易成本，提高生产要素的配置效率；保持基础设施补短板力度。

（二）因地制宜建设基础设施

在投资建设交通基础设施时，需因地制宜、明确政策作用对象，选择适合当地发展状况的交通基础设施，选择距离基础设施饱和还有较大发展空间的地区，考虑基础设施投资的成本与收益，切忌盲目投资，以免造成资源浪费。此外，还应有针对性地启动配套措施建设体系，持续发挥交通基础设施的减贫作用。例如：在远离区域经济中心的地区建立低等级交通基础设施，在邻近区域经济中心的地区建立高等级交通基础设施，并考虑到高等级交通基础设施对落后区域内部资本密集型行业的负向影响，有针对性地采取措施以降低这种负面的影响。配套建设信息基础设施，完善扶贫帮扶体系，加强人才交易市场和人力资源保障体系制度建设，提升贫困区域的自我发展能力，带动其经济持续稳定向好发展。

（三）加强水运基础设施建设

推进水运基础设施建设，培育发展配套产业集群。相较于公路运输和铁路运输，水路运输具有运输成本低、货物承载力强以及环境友好等特征。当前，我国水运行业发展还存在一些短板，不平衡不充分问题仍然突出：一是内河航道仍是综合立体交通网建设中的短板；二是港口与其他运输方式的一体化融合水平仍需提高；三是绿色发展水平有待提升；四是各部门共同推进水运发展的机制有待进一步完善。我国具备丰富的内河水资源流域，通过开发内河航道及建设港口群，结合上下游地域产业发展优势，培育发展配套产业集群，可进一步发挥我国地理优势，提升水运交通基础设施的经济效益，推动相关产业发展，带动就业增长，促进经济的良性循环，推进中国式现代化经济建设。具体地，首先，应对内河航道进行扩宽、深化和疏浚，提升航道的通行能力和运输效率，强化航道的管理与服务，优化航道网络布局，构建与公路、铁路等其他交通方式紧密相连的综合交通体系；其次，还应加强港口基础设施建设，提高港口作业效率，加强港区管理与服务，并强化港口与铁路、公路等交通方式的一体化融合；最后，管理部门应建立完善的法律法规体系，实施严格的环保标准和政策，加强对水运行业的监管，推广绿色船舶和绿色港口，确保水运安全、可靠、高效和环保。

三、研究不足

本书研究交通基础设施对供给体系质量提高的影响，具有重要价值，但并非一个完备的研究。必须承认的是，本书涉及的只是供给体系质量提高中一些相对重要的方面，并未涉及供给体系质量提高的全部内容。例如，就"三去一降一补"而言，本书主要涉及其中"基础设施补短板"的部分，对"工业产品去产能""房地产市场去库存""各级经济主体去杠杆"等内容并未涉及。

之所以未涉及这些方面，首先是因为供给体系质量的衡量标准并不是一成不变的。供给侧结构性改革是新常态时期中国经济发展的重要主线，在不同阶段会产生不同的阶段性任务。而供给体系质量提高涉及中国经济各方面，这一指标体系也会随经济形势的变化而延展。此外，数据也是制约本书研究对象的主要原因之一。本书研究领域公开可用数据较少，已公开数据质量较低，以中国历年交通路网数据为例，现阶段尚不存在公开可查的权威数据，而基于市场渠道获得该数据的门槛较高，诸如此类的问题制约了本书研究的进一步开展。

参考文献

［1］蔡昉．改革时期农业劳动力转移与重新配置［J］.中国农村经济，2017（10）：2-12.

［2］蔡昉．农业劳动力转移潜力耗尽了吗？［J］.中国农村经济，2018（9）：2-13.

［3］陈建军，陈国亮，黄洁．新经济地理学视角下的生产性服务业集聚及其影响因素研究：来自中国 222 个城市的经验证据［J］.管理世界，2009（4）：83-95.

［4］陈林，伍海军．国内双重差分法的研究现状与潜在问题［J］.数量经济技术经济研究，2015，32（7）：133-148.

［5］单德朋．教育效能和结构对西部地区贫困减缓的影响研究［J］.中国人口科学，2012（5）：84-94，112.

［6］邓涛涛，王丹丹，程少勇．高速铁路对城市服务业集聚的影响［J］.财经研究，2017，43（7）：119-132.

［7］丁守海．农民工工资与农村劳动力转移：一项实证分析［J］.中国农村经济，2006（4）：56-62.

［8］董晓霞，黄季焜，Rozelle Scott，等．地理区位、交通基础设施与种植业结构调整研究［J］.管理世界，2006（9）：59-63，79.

［9］董艳梅，朱英明．高铁建设能否重塑中国的经济空间布局：基于就业、工资和经济增长的区域异质性视角［J］.中国工业经济，2016（10）：92-108.

［10］樊纲，王小鲁．消费条件模型和各地区消费条件指数［J］.经济研究，2004（5）：13-21.

［11］樊丽明，解垩．公共转移支付减少了贫困脆弱性吗？［J］.经济研究，2014，49（8）：67-78.

［12］方颖，赵扬．寻找制度的工具变量：估计产权保护对中国经济增长的贡献［J］.经济研究，2011，46（5）：138-148.

[13] 高虹，陆铭．社会信任对劳动力流动的影响：中国农村整合型社会资本的作用及其地区差异［J］．中国农村经济，2010（3）：12-24，34.

[14] 高翔，龙小宁，杨广亮．交通基础设施与服务业发展：来自县级高速公路和第二次经济普查企业数据的证据［J］．管理世界，2015（8）：81-96.

[15] 耿纯，赵艳朋．交通基础设施对新建制造业企业选址的异质影响研究［J］．经济学动态，2018（8）：90-105.

[16] 耿晔强．消费环境对我国农村居民消费影响的实证分析［J］．统计研究，2012，29（11）：36-40.

[17] 郭云南，姚洋．宗族网络与农村劳动力流动［J］．管理世界，2013（3）：69-81，187-188.

[18] 胡鞍钢，刘生龙．交通运输、经济增长及溢出效应：基于中国省际数据空间经济计量的结果［J］．中国工业经济，2009（5）：5-14.

[19] 胡枫，陈玉宇．社会网络与农户借贷行为：来自中国家庭动态跟踪调查（CFPS）的证据［J］．金融研究，2012（12）：178-192.

[20] 胡李鹏，樊纲，徐建国．中国基础设施存量的再测算［J］．经济研究，2016，51（8）：172-186.

[21] 黄敦平，徐馨荷，方建．中国普惠金融对农村贫困人口的减贫效应研究［J］．人口学刊，2019，41（3）：52-62.

[22] 黄寿峰，王艺明．我国交通基础设施发展与经济增长的关系研究：基于非线性 Granger 因果检验［J］．经济学家，2012（6）：28-34.

[23] 黄张凯，刘津宇，马光荣．地理位置、高铁与信息：来自中国IPO市场的证据［J］．世界经济，2016，39（10）：127-149.

[24] 纪月清，熊晶白，刘华．土地细碎化与农村劳动力转移研究［J］．中国人口·资源与环境，2016，26（8）：105-115.

[25] 鞠晴江，庞敏．道路基础设施影响区域增长与减贫的实证研究［J］．经济体制改革，2006（4）：145-147.

[26] 兰峰，陈哲，甄雯．人口迁移与城乡基础设施配置的时空减贫效应研究［J］．财经问题研究，2019（11）：113-120.

[27] 李涵，黎志刚．交通基础设施投资对企业库存的影响：基于我

国制造业企业面板数据的实证研究 [J]. 管理世界, 2009 (8): 73-80.

[28] 李红昌, Tjia Linda, 胡顺香. 中国高速铁路对沿线城市经济集聚与均等化的影响 [J]. 数量经济技术经济研究, 2016, 33 (11): 127-143.

[29] 李慧玲, 徐妍. 交通基础设施、产业结构与减贫效应研究: 基于面板 VAR 模型 [J]. 技术经济与管理研究, 2016 (8): 25-30.

[30] 李建军. 城镇居民收入、财政支出与农民收入: 基于 1978—2006 年中国数据的协整分析 [J]. 农业技术经济, 2008 (4): 34-40.

[31] 李廷智, 杨晓梦, 赵星烁, 等. 高速铁路对城市和区域空间发展影响研究综述 [J]. 城市发展研究, 2013, 20 (2): 71-79.

[32] 李文秀. 服务业 FDI 能促进服务业集聚吗 [J]. 财贸经济, 2012 (3): 112-119.

[33] 李欣泽, 纪小乐, 周灵灵. 高铁能改善企业资源配置吗?: 来自中国工业企业数据库和高铁地理数据的微观证据 [J]. 经济评论, 2017 (6): 3-21.

[34] 梁琦, 陈强远, 王如玉. 户籍改革、劳动力流动与城市层级体系优化 [J]. 中国社会科学, 2013 (12): 36-59, 205.

[35] 林伯强. 中国的政府公共支出与减贫政策 [J]. 经济研究, 2005 (1): 27-37.

[36] 林善浪, 王健. 家庭生命周期对农村劳动力转移的影响分析 [J]. 中国农村观察, 2010 (1): 25-33, 94-95.

[37] 刘秉镰, 刘玉海. 交通基础设施建设与中国制造业企业库存成本降低 [J]. 中国工业经济, 2011 (5): 69-79.

[38] 刘秉镰, 武鹏, 刘玉海. 交通基础设施与中国全要素生产率增长: 基于省域数据的空间面板计量分析 [J]. 中国工业经济, 2010 (3): 54-64.

[39] 刘成奎, 任飞容, 王宙翔. 公共产品供给真的能减少中国农村瞬时贫困吗? [J]. 中国人口·资源与环境, 2018, 28 (1): 102-112.

[40] 刘民权. 全球化中的中国中小企业: 交通基础设施的作用 [J]. 金融研究, 2018 (4): 121-137.

[41] 刘生龙，胡鞍钢．交通基础设施与经济增长：中国区域差距的视角 [J]．中国工业经济，2010（4）：14-23.

[42] 刘生龙，周绍杰．基础设施的可获得性与中国农村居民收入增长：基于静态和动态非平衡面板的回归结果 [J]．中国农村经济，2011（1）：27-36.

[43] 刘晓光，张勋，方文全．基础设施的城乡收入分配效应：基于劳动力转移的视角 [J]．世界经济，2015，38（3）：145-170.

[44] 刘秀梅，田维明．我国农村劳动力转移对经济增长的贡献分析 [J]．管理世界，2005（1）：91-95.

[45] 刘勇．交通基础设施投资、区域经济增长及空间溢出作用：基于公路、水运交通的面板数据分析 [J]．中国工业经济，2010，（12）：37-46.

[46] 刘志红，王利辉．交通基础设施的区域经济效应与影响机制研究：来自郑西高铁沿线的证据 [J]．经济科学，2017（2）：32-46.

[47] 龙玉，赵海龙，张新德，等．时空压缩下的风险投资：高铁通车与风险投资区域变化 [J]．经济研究，2017，52（4）：195-208.

[48] 卢盛峰，卢洪友．政府救助能够帮助低收入群体走出贫困吗?：基于1989—2009年CHNS数据的实证研究 [J]．财经研究，2013，39（1）：4-16.

[49] 罗能生，彭郁．交通基础设施建设有助于改善城乡收入公平吗?：基于省级空间面板数据的实证检验 [J]．产业经济研究，2016（4）：100-110.

[50] 罗知．地方财政支出与益贫式经济增长：基于中国省际数据的经验研究 [J]．武汉大学学报（哲学社会科学版），2011，64（3）：75-80.

[51] 骆永民．公共物品、分工演进与经济增长 [J]．财经研究，2008（5）：110-122.

[52] 马伟，王亚华，刘生龙．交通基础设施与中国人口迁移：基于引力模型分析 [J]．中国软科学，2012（3）：69-77.

[53] 毛捷，赵金冉．政府公共卫生投入的经济效应：基于农村居民消费的检验 [J]．中国社会科学，2017（10）：70-89，205-206.

[54] 任晓红，但婷，王春杨. 农村交通基础设施对农村居民收入的门槛效应分析 [J]. 经济问题，2018（5）：46-52，63.

[55] 荣昭，盛来运，姚洋. 中国农村耐用消费品需求研究 [J]. 经济学（季刊），2002（2）：589-602.

[56] 沈能，赵增耀. 农业科研投资减贫效应的空间溢出与门槛特征 [J]. 中国农村经济，2012（1）：69-79，96.

[57] 施震凯，邵军，浦正宁. 交通基础设施改善与生产率增长：来自铁路大提速的证据 [J]. 世界经济，2018，41（6）：127-151.

[58] 苏春红，解垩. 财政流动、转移支付及其减贫效率：基于中国农村微观数据的分析 [J]. 金融研究，2015（4）：34-49.

[59] 孙虹乔. 农村基础设施建设与消费需求的增长：基于1978—2009年经验数据的实证 [J]. 消费经济，2011，27（5）：33-36.

[60] 孙文凯，白重恩，谢沛初. 户籍制度改革对中国农村劳动力流动的影响 [J]. 经济研究，2011，46（1）：28-41.

[61] 覃成林，杨晴晴. 高速铁路对生产性服务业空间格局变迁的影响 [J]. 经济地理，2017，37（2）：90-97.

[62] 童光荣，李先玲. 交通基础设施对城乡收入差距影响研究：基于空间溢出效应视角 [J]. 数量经济研究，2014（1）：82-95.

[63] 汪为，吴海涛. 家庭生命周期视角下农村劳动力非农转移的影响因素分析：基于湖北省的调查数据 [J]. 中国农村观察，2017（6）：57-70.

[64] 王春杨，孟卫东，周靖祥. 高铁时代中国城市群空间演进：集聚还是扩散 [J]. 当代经济科学，2018，40（3）：103-113，128.

[65] 王广慧，张世伟. 教育对农村劳动力流动和收入的影响 [J]. 中国农村经济，2008（9）：44-51.

[66] 王缉宪. 高速铁路影响城市与区域发展的机理 [J]. 国际城市规划，2011，26（6）：1-5.

[67] 王姣娥，焦敬娟，金凤君. 高速铁路对中国城市空间相互作用强度的影响 [J]. 地理学报，2014，69（12）：1833-1846.

[68] 王娟，张克中. 公共支出结构与农村减贫：基于省级面板数据的证据 [J]. 中国农村经济，2012（1）：31-42.

[69] 王小斌．交通基础设施、金融发展与居民消费支出：基于 281
个地级市的空间面板数据［J］．消费经济，2017，33（2）：31-37.

[70] 王垚，年猛．高速铁路带动了区域经济发展吗？［J］．上海经济
研究，2014（2）：82-91.

[71] 王永进，黄青．交通基础设施质量、时间敏感度和出口绩效
［J］．财经研究，2017，43（10）：97-108.

[72] 王雨飞，倪鹏飞．高速铁路影响下的经济增长溢出与区域空间
优化［J］．中国工业经济，2016（2）：21-36.

[73] 吴清华，周晓时，冯中朝．基础设施对农业经济增长的影响：
基于 1995—2010 年中国省际面板数据的研究［J］．中国经济问题，2015
（3）：29-37.

[74] 肖挺．交通设施、居民的消费区域流向与消费结构：来自我国
省际层面的经验证据［J］．财贸研究，2018，29（9）：12-27.

[75] 谢申祥，刘生龙，李强．基础设施的可获得性与农村减贫：来
自中国微观数据的经验分析［J］．中国农村经济，2018（5）：112-131.

[76] 徐建国，张勋．农业生产率进步、劳动力转移与工农业联动发
展［J］．管理世界，2016（7）：76-87，97.

[77] 张光南，宋冉．中国交通对"中国制造"的要素投入影响研究
［J］．经济研究，2013，48（7）：63-75.

[78] 张广婷，江静，陈勇．中国劳动力转移与经济增长的实证研究
［J］．中国工业经济，2010（10）：15-23.

[79] 张建华，周凤秀，温湖炜．关系网络、外出就业支持和农村劳
动力转移［J］．中国人口·资源与环境，2015，25（S1）：367-370.

[80] 张克中，陶东杰．交通基础设施的经济分布效应：来自高铁开
通的证据［J］．经济学动态，2016（6）：62-73.

[81] 张世伟，赵亮．农村劳动力流动的影响因素分析：基于生存分
析的视角［J］．中国人口·资源与环境，2009，19（4）：101-106.

[82] 张天华，陈力，董志强．高速公路建设、企业演化与区域经济
效率［J］．中国工业经济，2018（1）：79-99.

[83] 张伟进，胡春田，方振瑞．农民工迁移、户籍制度改革与城乡

居民生活差距［J］. 南开经济研究，2014（2）：30-53.

［84］张学良. 中国交通基础设施促进了区域经济增长吗：兼论交通基础设施的空间溢出效应［J］. 中国社会科学，2012（3）：60-77，206.

［85］张学良. 中国交通基础设施与经济增长的区域比较分析［J］. 财经研究，2007（8）：51-63.

［86］张宗益，李森圣，周靖祥. 公共交通基础设施投资挤占效应：居民收入增长脆弱性视角［J］. 中国软科学，2013（10）：68-82.

［87］赵红军. 交易效率：衡量一国交易成本的新视角［J］. 上海经济研究，2005（11）：5-16.

［88］周广肃，樊纲，申广军. 收入差距、社会资本与健康水平：基于中国家庭追踪调查（CFPS）的实证分析［J］. 管理世界，2014（7）：12-21，51，187.

［89］周浩，郑筱婷. 交通基础设施质量与经济增长：来自中国铁路提速的证据［J］. 世界经济，2012，35（1）：78-97.

［90］AGÉNOR P－R，NEANIDIS K C. The allocation of public expenditure and economic growth［J］. Manchester school，2011，79（4）：899-931.

［91］AGHION P，BLOOM N，BLUNDELL R，et al. Competition and innovation：an inverted-u relationship［J］. Quarterly journal of economics，2005，120（2）：701-728.

［92］AKER J C. Information from markets near and far：Mobile phones and agricultural markets in Niger［J］. American economic journal：applied economics，2010，2（3）：46-59.

［93］ASCHAUER D A. Is public expenditure productive?［J］. Journal of monetary economics，1989，23（2）：177-200.

［94］AU C－C，HENDERSON J V. How migration restrictions limit agglomeration and productivity in China［J］. Journal of development economics，2006，80（2）：350-388.

［95］BAUM－SNOW N. Did highways cause suburbanization?［J］. The quarterly journal of economics，2007，122（2）：775-805.

[96] BAUM - SNOW N, BRANDT L, HENDERSON J V, et al. Roads, railroads, and decentralization of Chinese cities [J]. The review of economics and statistics, 2017, 99 (3): 435-448.

[97] BOARNET M G. Spillovers and the locational effects of public infrastructure [J]. Journal of regional science, 1998, 38 (3): 381-400.

[98] BOSKER M, BRAKMAN S, GARRETSEN H, et al. Relaxing Hukou: increased labor mobility and China's economic geography [J]. Journal of urban economics, 2012, 72 (2-3): 252-266.

[99] BRANDT L, VAN BIESEBROECK J, ZHANG Y. Challenges of working with the Chinese NBS firm-level data [J]. China economic review, 2014, 30 (3): 339-352.

[100] CHEN B, YAO Y. The cursed virtue: government infrastructural investment and household consumption in Chinese provinces [J]. Oxford bulletin of economics & statistics, 2011, 73 (6): 856-877. .

[101] CHEN C L. Reshaping Chinese space - economy through high - speed trains: opportunities and challenges [J]. Journal of transport geography, 2012 (22): 312-316.

[102] CRESCENZI R, DI CATALDO M, RODRíGUEZ - POSE A. Government quality and the economic returns of transport infrastructure investment in European regions [J]. Journal of regional science, 2016, 56 (4): 555-582.

[103] DATTA S. The impact of improved highways on Indian firms [J]. Journal of development economics, 2012, 99 (1): 46-57.

[104] DEICHMANN U. Economic structure, productivity, and infrastructure quality in southern Mexico [J]. Annals of regional science, 2004, 38 (3): 361-385.

[105] DONALDSON D, HORNBECK R. Railroads and american economic growth: a "market access" approach [J]. The quarterly journal of economics, 2016, 131 (2): 799-858.

[106] DUFLO E, PANDE R. Dams [J]. Quarterly journal of economics, 2007, 122 (2): 601-646.

[107] ELHORST J P, JAN O. Integral cost – benefit analysis of maglev rail projects under market imperfections [J] . Journal of transport and land use, 2008, 1 (1): 65–87.

[108] FABER B. Trade integration, market size, and industrialization: Evidence from China's national trunk highway system [J] . The review of economic studies, 2014, 81 (3): 1046–1070.

[109] FAN S. Growth, inequality, and poverty in rural China: the role of public investments [M]. Washington, D. C.: International Food Policy Research Institute, 2002.

[110] FARROW A, LARREA C, HYMAN G, et al. Exploring the spatial variation of food poverty in Ecuador [J]. Food policy, 2005, 30 (5): 510–531.

[111] GARCIA – MILÀ T, MCGUIRE T J, PORTER R H. The effect of public capital in state – level production functions reconsidered [J]. The review of economics and statistics, 1996, 78 (1): 177–180.

[112] GARSKE T, YU H, PENG Z, et al. Travel patterns in China [J]. Plos one, 2011, 6 (2): e16364.

[113] GIBSON J, ROZELLE S. Poverty and access to roads in Papua New Guinea [J] . Economic development & cultural change, 2003, 52 (1): 159–185.

[114] HALL P. Magic carpets and seamless webs: opportunities and constraints for high – speed trains in Europe [J]. Built environment, 2009, 35 (1): 59–69.

[115] HENSHER D A, ELLISON R B, MULLEY C. Assessing the employment agglomeration and social accessibility impacts of high speed rail in eastern Australia [J]. Transportation, 2014, 41 (3): 463–493.

[116] HULTEN C R, SCHWAB R M. A fiscal federalism approach to infrastructure policy [J]. Regional science and urban economics, 1997, 27 (2): 139–159.

[117] JALAN J, RAVALLION M. Does piped water reduce diarrhea

for children in rural India? [J]. Journal of econometrics, 2003, 112 (1):
153-173.

[118] JI Y, YU X, ZHONG F. Machinery investment decision and off-farm employment in rural China [J]. China economic review, 2012, 23 (1): 71-80.

[119] JUNG H-S, THORBECKE E. The impact of public education expenditure on human capital, growth, and poverty in Tanzania and Zambia: a general equilibrium approach [J]. Journal of policy modeling, 2003, 25 (8): 701-725.

[120] LI S M, SHUM Y M. Impacts of the national trunk highway system on accessibility in China [J]. Journal of transport geography, 2001, 9 (1): 39-48.

[121] LI X, HUANG B, LI R, et al. Exploring the impact of high speed railways on the spatial redistribution of economic activities - Yangtze River Delta urban agglomeration as a case study [J]. Journal of transport geography, 2016 (57): 194-206.

[122] LIN Y. Travel costs and urban specialization patterns: evidence from China's high speed railway system [J]. Journal of urban economics, 2017 (98): 98-123.

[123] MARKUSEN J R, VENABLES A J. Foreign direct investment as a catalyst for industrial development [J]. European economic review, 1999, 43 (2): 335-356.

[124] MICHAELS G. The effect of trade on the demand for skill: evidence from the interstate highway system [J]. The review of economics and statistics, 2008, 90 (4): 683-701.

[125] MINAMI R, MA X. The Lewis turning point of Chinese economy: comparison with Japanese experience [J]. China economic journal, 2010, 3 (2): 163-179.

[126] OZBAY K, OZMEN D, BERECHMAN J. Modeling and analysis of the link between accessibility and employment growth [J]. Journal of

transportation engineering, 2006, 132 (5): 385-393.

[127] PEREIRA A M, ANDRAZ J M. On the economic effects of investment in railroad infrastructures in Portugal [J]. Journal of economic development, 2012, 37 (2): 79-107.

[128] PETER M J P. The economic impact of the high-speed train on urban regions [C]. Finland: European regional science association, 2003.

[129] PHAN D, COXHEAD I. Inter-provincial migration and inequality during Vietnam's transition [J]. Journal of development economics, 2010, 91 (1): 100-112.

[130] QIN Y. "No county left behind?" The distributional impact of high-speed rail upgrades in China [J]. Journal of economic geography, 2017, 17 (3): 489-520.

[131] RAWSKI T G, MEAD R W. On the trail of China's phantom farmers [J]. World development, 1998, 26 (5): 767-781.

[132] SHAO S, TIAN Z, YANG L. High speed rail and urban service industry agglomeration: evidence from China's Yangtze River Delta region [J]. Journal of transport geography, 2017 (64): 174-183.

[133] SHIRLEY C, WINSTON C. Firm inventory behavior and the returns from highway infrastructure investments [J]. Journal of urban economics, 2004, 55 (2): 398-415.

[134] STAIGER D, STOCK J H. Instrumental variables regression with weak instruments [J]. Econometrica, 1997, 65 (3): 557-586.

[135] THORAT A, VANNEMAN R, DESAI S, et al. Escaping and falling into poverty in India today [J]. World development, 2017 (93): 413-426.

[136] WILLIGERS J, VAN WEE B. High-speed rail and office location choices. A stated choice experiment for the Netherlands [J]. Journal of transport geography, 2011, 19 (4): 745-754.

[137] ZOU W, ZHANG F, ZHUANG Z, et al. Transport infrastructure, growth, and poverty alleviation: empirical analysis of China [J]. Annals of economics and finance, 2008, 9 (2): 345-371.

后　　记

本书是笔者博士论文的延伸，旨在通过对交通基础设施供给侧效应的深入研究，揭示交通基础设施对经济发展的重要影响。

本书初稿写于 2019 年，那个时候世界正处于经济全球化和快速发展的关键时期。然而，我们不能忽视当前世界经济局势所面临的挑战和变化。自那时以来，新冠疫情、贸易摩擦以及地缘政治紧张局势的升级等一系列重大事件对全球经济造成了深远影响。

新冠疫情的暴发给世界经济带来了巨大冲击，航空、铁路、公路等交通工具的使用量锐减。虽然这种情况对供给侧效应的研究带来了新的考验，但也提醒着我们必须从多个角度审视交通基础设施的作用和影响。而贸易摩擦和地缘政治紧张局势的升级则给全球交通基础设施的发展带来了不确定性。不同国家之间的贸易壁垒和政治摩擦，可能对跨国交通运输和基础设施建设产生直接或间接的影响。在本书研究的基础上，我们需要进一步研究交通基础设施的国际合作和可持续发展，以更好地适应不断变化的世界格局。

希望本书对交通基础设施供给侧效应的探讨能够为未来的研究和实践工作提供有益的参考。同时，笔者也期待着未来的合作与交流，共同推动交通基础设施研究在中国经济发展中的应用，为建设经济新发展格局作出贡献。

最后，感谢"市属高校分类发展—京津冀协同发展与城市群系统演化的政产学研用平台构建"项目及北京市社会科学基金项目"京津冀城市群轨道交通促进劳动力要素流动研究（21JJC030）"对本书写作的资助。